打造京津冀开放型经济新引擎

王晓红　等著

中国经济出版社
CHINA ECONOMIC PUBLISHING HOUSE
北　京

图书在版编目（CIP）数据

打造京津冀开放型经济新引擎 / 王晓红等著 .
—北京：中国经济出版社，2019.10
ISBN 978-7-5136-5711-2

Ⅰ.①打… Ⅱ.①王… Ⅲ.①城市经济—开放经济—经济发展—研究—唐山 Ⅳ.①F299.272.23

中国版本图书馆 CIP 数据核字（2019）第 104324 号

责任编辑 严 莉
责任印制 巢新强
封面设计 任燕飞

出版发行 中国经济出版社
印 刷 者 北京九州迅驰传媒文化有限公司
经 销 者 各地新华书店
开 本 710mm×1000mm 1/16
印 张 17
字 数 231 千字
版 次 2019 年 10 月第 1 版
印 次 2019 年 10 月第 1 次
定 价 78.00 元
广告经营许可证 京西工商广字第 8179 号

中国经济出版社 **网址** www.economyph.com **社址** 北京市东城区安定门外大街 58 号 **邮编** 100011
本版图书如存在印装质量问题，请与本社销售中心联系调换（联系电话：010-57512564）

序

中国改革开放的历史证明，开放是发展的必由之路。不断完善开放型经济新体制，推动形成全面开放新格局，以高水平开放促进经济高质量发展，是新时代我国面临国际国内环境重大变化做出的战略抉择，也是更好地利用全球资源和市场实现国内产业结构转型升级，进一步增强创新能力的迫切需要。

唐山是华北工业重镇，是京津冀协同发展战略的重要支点，也是京津冀地区唯一的全国构建开放型经济新体制综合试点试验城市。两年来，唐山市围绕市场配置资源新机制、经济运行管理新模式、全方位开放新格局、国际合作竞争新优势等方面的体制机制改革，进行大胆探索、不断创新，走出了一条以不断扩大开放促进传统工业城市转型升级的新路子，为加快建成国际化沿海强市，打造京津冀地区开放型经济的新高地和新增长极奠定了坚实基础。唐山的经验对于传统工业城市和资源型城市如何以高水平开放促进经济结构调整，实现高质量发展具有重要借鉴意义。

由王晓红教授领衔的课题组，通过对唐山市构建开放型经济新体制综合试点试验工作的深入调研撰写了这部专著，全方位、多角度地总结了唐山在对外贸易创新发展、积极利用外资、推动“一带一路”国际产能合作以及承接京津冀产业转移等方面取得的富有成效的探索和经验，并为唐山进一步推进高水平对外开放谋划了战略思路。该书以构建开放型经济新体制促进资源型城市转型为独特研究视角，对于同类城市具有重要借鉴意义，对于学者同仁在对外开放问题的学术研究具有理论参考价值，对于政府部门完善相关决策具有一定的参考作用。因此本书应是一部将战略思维、科学方法和应用实操紧密结合的专著。

本书具有几个鲜明的特点：

第一，坚持宏观与微观相结合，广度和深度兼备。本书从国家构建开放型经济新体制的总体要求出发，结合唐山市的具体实践进行研究。重点从推动形成全方位对外开放新格局、建立质量效益导向型外贸促进新体系、推进国际投资合作新方式、探索金融服务开放型经济新举措、探索开放型经济运行管理新模式、形成各类开发区（园区）协同开放新机制、立足京津冀协同发展促进对内对外开放等方面全面总结了唐山构建开放型经济新体制的历程、做法和成效，同时剖析了唐山在开放型经济发展中存在的主要问题和制约因素，以战略高度和国际化视野提出了唐山新时期高水平开放的路径。提出加快培育外贸增长新动能，推动外贸转型升级和提质增效；加快发展服务贸易，提高服务业开放水平；把握“一带一路”建设机遇，引导企业稳步开展国际产能合作；促进对外投资、对外工程承包与国际贸易联动发展；发挥资源禀赋和政策优势，拓展环渤海临港经济网络；按照高水平对外开放的要求，进一步优化营商环境；有效防控金融风险，提升金融服务开放型经济水平；从引资向引进创新要素转变，深度融入京津冀创新体系等具有全局性和战略高度的思路与对策。

第二，深入挖掘典型，注重示范引领。本书在大量调研的基础上，选取典型行业、典型企业的案例进行分析，这些案例生动、具体、鲜活，涵盖了诸多方面，具有较强的示范意义。如，唐山市政府建设全流程网上审批体系，实现互联网申报，办公内网预审查、预受理、预审核、预审批，申请材料核实后一次性办结；围绕固定资产投资项目，审管办召集相关部门单位实行集中会审精简申请要件、减少审批时限；曹妃甸综保区通过产业培育和业态创新促进外贸出口质量效益提升；唐山市金融办成立外经贸企业帮扶小组助力企业海外经营；市高新技术产业开发区、曹妃甸区等进行的高效行政审批改革；河钢收购斯梅代雷沃钢铁生产基地，推动“一带一路”产能合作；冀东水泥探索境外资源合作的思路，在南非投资项目带动国内机电设备及材料出口；惠达卫浴和河北华通电缆等外贸企业通过创新战略提升品牌价值，深耕海外市场等。

第三，坚持问题导向，注重调查研究。脚踏实地的调查研究是形成高质量的智库研究报告的基础。课题组曾驻唐山半个月时间，先后调研了唐山港京唐港区、曹妃甸综合保税区、唐山市人力资源和社会保障服务中心、滦南（北京）大健康产业园开发区、丰润经济开发区、海港开发区、开平开发区、玉田开发区，以及惠达卫浴、华通电缆、冀东建设、唐山松下、长久物流、中车唐山机车车辆、首钢集团、河钢集团唐钢公司、京冀曹建投公司等企业，并与政府各职能部门、代表企业进行了深入细致的座谈。课题组通过调研掌握了大量一手材料，对问题抓得准、分析到位，提出的思路和对策建议具有较强的可操作性，对于唐山不断完善开放型经济新体制将发挥重要参考作用。

在2018年底召开的庆祝改革开放40周年大会上，习近平总书记号召，要统筹国内国际两个大局，坚持对外开放的基本国策，实行积极主动的开放政策，形成全方位、多层次、宽领域的全面开放新格局。在构建开放型经济新体制的过程中，唐山已经取得很大的成绩。面对中国的新一轮开放，我们相信唐山已经再出发，而且会克服重重困难，始终走在前面。

张大卫

前　言

唐山市位于燕赵大地、渤海之滨，是我国工业重镇，也是河北省开放型经济发展的龙头，在京津冀协同发展战略中具有重要位置，在“一带一路”建设中具有明显的区位开放优势。2010年习近平同志提出将唐山“努力建成东北亚地区经济合作窗口城市、环渤海地区新型工业基地、首都经济圈重要支点”的战略定位，为唐山开放型经济发展描绘了宏伟蓝图。2016年6月唐山被列为全国构建开放型经济新体制综合试点试验城市，也是京津冀地区唯一的试点城市。开展试点工作以来，唐山市委市政府立足主动开放，坚持以开放促改革、促创新、促转型、促发展，以新一轮高水平开放促进经济高质量发展，围绕构建“市场配置资源新机制、经济运行管理新模式、全方位开放新格局和国际合作竞争新优势”进行一系列大胆探索，在深化“放管服”改革、营商环境建设、“一带一路”产能合作、推动对内对外开放并举等方面都取得了重要进展，进一步推动全市开放型经济迈向更高水平，并形成了在全国可复制推广的经验。为唐山加快建成国际化沿海强市，打造京津冀地区开放型经济的新引擎和新高地奠定了有利基础。

本书是中国国际经济交流中心课题《唐山市构建开放型经济综合试点试验工作评估研究》的研究成果。课题组顾问：中国国际经济交流中心常务副理事长、国家发改委原副主任张晓强，中国国际经济交流中心副理事长、河南省人大原副主任张大卫；课题组组长：中国国际经济交流中心信息部副部长、教授王晓红；课题组成员：中国轻工工艺品进出口商会副会长、副研究员李文锋，南开大学教授、博士生导师贺京同，商务部研究院副研究员朱福林，中国国际经济交流中心《全球化》编辑部主任、副研究员沈家文，中国社科院农发所博士后、副教授谢兰兰，《光明日报》理论部主编张雁，中国国际经济交流中心助理研究员李蕊，南开大学博士研究生赵子沐。

课题组于2017年6月期间，先后深入唐山市的有关企业、金融机构、政府部门、中介服务机构、高新区、开发区、产业园区、港口等进行了充分调研，对唐山市构建开放型经济新体制试点工作进行客观评估和系统研究，挖掘其成功的经验做法，并寻找其存在的短板以及宏观政策层面的主要制约因素，其目的是以点带面，通过总结唐山的做法寻找出一条以发展开放型经济促进产业结构调整和转型升级的新路子，探索出一条京津冀地区协同开发开放的新模式；通过寻找唐山在构建开放型经济新体制中存在的问题和制约因素，一方面为唐山在新时期补齐短板、精准发力找出路径，同时也为我国进一步完善开放型经济新体制提出政策思路。课题组在研究过程中注重“顶天立地”，将国家宏观政策、开放型经济理论研究和实际调研、典型案例分析有机结合。同时，附之以对非洲产能合作的调研，为读者展示了研究的国际化视角。

本书由一个总报告、七个分报告和两个附件组成。

总报告是整个研究报告的高度凝练和系统总结。总结了唐山市开放型经济发展的基本现状，主要体现在：外贸综合效益不断提升，利用外资实现量质齐增，对外投资迈出坚实步伐，综合贸易大港战略地位日益突出，对外开放推动了结构转型和自主创新发展。总结了唐山市构建开放型经济新体制的主要做法及取得成效，主要体现在：通过建立权利和责任清单常态化机制，切实提高行政审批效能，建立高效便捷的网上服务体系，加快商事制度改革，推行“双随机、一公开”监管模式等方面的改革，积极探索开放型经济运行管理新模式；以及在积极探索形成各类开发区（园区）协同开放新机制、推进国际投资合作新方式、建立质量效益导向的外贸促进新体系、金融服务开放型经济新举措、以京津冀协同发展为主线的对内对外开放新格局等方面取得的成功经验。同时分析了唐山市在构建开放型经济新体制方面的主要问题和制约因素。在对外贸易方面，唐山作为传统资源型城市面临着结构调整的压力仍然突出，外贸转型升级的任务艰巨，国际市场竞争激烈和贸易保护主义使唐山面临的出口形势更加严峻。在对外投资方面，唐山企业开展国际投资合作的意识和能力有待增强，同时，国家关于国际产能合作的促进政策和措施还不够完善也制约了企业对外投资。在金融服务方面，企业面临境外投资融资难、风险保障机制尚不完善及企业综合运用出口信用保险政策的能力和水平还存在差距等问题。在人才培养与引进方面，目前企业普遍缺乏跨国经营人才，尤其是缺乏了解国际市场、具有国际管理经营、精通外语的专业化、复合型高端人才，急需建立一套人才培养和引进机制，此外，由于北京、天津对高端人才的虹吸效应，以及唐山市在环境、待遇及传统观念、体制机制等方面的束缚，导致对于人才的吸引力不足。在开放政策方面，唐山较北京、天津、雄安新区相比，在区位优势及国家开放政策上都具有明显劣势，因此在招商引资、人才引进、承接产业转移等方面受到“挤压”。提出了以下主要发展思路：加快培育外贸增长新动能，推动外贸转型升级和提质增效；加快发展服务贸易，提高服务业开放水平；把握“一带一路”建设机遇，引导企业稳步开展国际产能合作；促进对外投资、对外工程承包与国际贸易联动发展；发挥资源禀赋和政策优势，拓展环渤海临港经济网络；按照高水平对外开放的要求，进一步优化营商环境；有效防控金融风险，提升金融服务开放型经济水平；从引资向引进创新要素转变，深度融入京津冀创新体系。

专题一为探索形成全方位对外开放新格局。该专题在研究我国开放型经济格局发展历程的基础上，分析了唐山市推进全面开放新格局取得的成效，并指出了打通东西互济、陆海联运的跨境新通道；“引进来”和“走出去”互动发展，推进一基多元的全球产业新布局；打造三大开放支点，形成以点带面、协同开放新局面的基本思路。分析了唐山市全面开放新格局的形成机制及充分发挥优势，提高开放型经济水平的新思路：优化投资与营商环境，将开放型经济新体制转化为产业优化升级的新动能；“招商引资”与“招才引智”并重，开辟以智力资本撬动产业资本的新路径；“走出去”为更好地“引进来”服务，将传统的比较优势转化为新常态下的竞争新优势；国企、民企、外企三企联动，形成开放式产业协同创新的新范式。分析了唐山市推进全面开放新格局面临的制约因素有：服务业开放和对外投资有待加大力度，服务贸易和服务外包尚未形成特色；对外投资体制机制未完全理顺，开放环境有待进一步优化；缺乏“高精尖”人才和复合型国际化人才，企业难以提高跨国经营能力。最后，提出了对策建议：发挥禀赋优势和政策优势，探索建设具有竞争新优势的自由贸易港区；以推进“一带一路”建设为契机，构建环渤海新型临港经济网络；发展跨境电子商务、市场采购等新业态新模式，开拓提高开放型经济水平的新路径；加快发展服务贸易，形成服务业与服务贸易、货物贸易与服务贸易协调融合发展的新格局。

专题二为探索建立质量效益导向型外贸促进新体系。该专题总结了唐山的主要经验做法：一是以唐山港为依托，强化基础设施建设，提升港口综合服务能力；加强港口基础设施建设，拓展口岸功能，打造综合贸易大港。重点是提升唐山港基础设施承载能力；完善现有口岸功能，积极推进口岸功能拓展；丰富港口功能，借力“一带一路”积极推进内陆港建设；拓展物流通道，构建物流网络体系，开辟外贸新航路。二是完善外贸促进政策体系，主要体现在：落实相关财税支持措施；搭建会展交流平台，促进贸易合作，帮助企业开拓国际市场；鼓励和推动外贸新业态、新模式，推进出口产品质量安全示范区建设，促进外贸转型升级。三是加快通关改革，提高通关速度，优化监管服务，主要体现在：推动国际贸易“单一窗口”工作，进一步优化营商环境；提升海关特殊监管区建设水平；创新外贸新业态监管模式；推进外汇管理改革，拓展银行外汇服务功能；推进外汇管理改革，促进贸易便利化；支持出口企业扩大贸易信贷规模及对境外资金的融通使用；拓展金融产品，服务外贸企业防范汇率风险。四是拓宽融资渠道，简化融资手续，缓解融资困境。五是推动出口风险保障政策，解决企业后顾之忧。同时总结了取得的成效。一是在持续推进外贸转型升级方面成效初现，主要体现在：民营企业为主的市场主体结构稳定巩固；出口产品结构调整优化，高新技术产品在出口中占比稳步提升；新型贸易业态成为贸易发展的新动力；出口国际市场不断拓展和延伸。二是港口运营综合效益提高，主要体现在：港口规模迅速扩大，运量跨越增长，经济效益显著提升，企业管理成效显著，物流网络体系更加完善。三是外贸促进体系不断完善带动了外贸提质增效，主要体现在：出口示范基地项目提升了行业质量管理水平，带动了出口；国内外互联互通渠道更加顺畅；新型贸易方式加快发展。四是通关效率大幅提升，缩短了企业贸易周期，降低了交易成本，主要体现在：全面推行通关作业无纸化改革，将通关时间压缩了“三分之一”，多个通关环节提速显著；推进企业高级认证和“经认证的经营者”（AEO）工作，使更多企业享受通关便利；落实税收减免政策；特殊监管区的功能和政策优势凸显。五是金融支持外贸稳定发展取得了积极成效，主要体现在：出口企业贸易信贷规模不断扩大；银行和金融机构不断创新金融产品和服务，加大对外贸企业的支持力度，推进服务贸易便利化；出口信用风险保障覆盖面扩大，风险保障体系更加健全。同时，分析了唐山存在的问题与制约因素，主要有以下方面：一是自身发展不足。如，传统外贸产业转型升级压力巨大，市场因素和外部市场保护压力严峻等。二是政策层面的制约因素。如，对外贸企业的综合支持力度不足，针对自主研发、自主品牌的中小企业支持政策少，风险保障机制不能全覆盖，对外贸易服务保障体系和平台不完善。三是在顶层设计统筹规划的问题。如，上下协调联动不足，区域间缺乏沟通，导致重复建设和浪费；许多改革没有实质性突破，只是浅尝辄止等。最后提出了以下发展思路：加快贸易业态创新，培育外贸新增长点；重点在完善风险防范机制，加强贸易投资平台建设，完善贸易投资服务援助体系等方面加大对外贸企业的综合支持力度；通过鼓励品牌产品开发、加大品牌推广力度等方式积极培育自主出口品牌；促进外经外贸联动发展、融合发展。

专题三为探索推进国际投资合作新方式。该专题分析了唐山在推动国际投资合作发展中具有投资国别广、投资领域宽、投资方式多样、境外产业园区和典型项目稳步推进等特点。总结了其主要做法与成效，主要体现在：发挥产业优势、聚焦重点区域、龙头企业引领、输出技术与管理、形成政策合力、加强专业服务支持、强化金融护航、完善风险防控。通过对国际产能合作经验的比较研究，提出了通过对外投资化解产能过剩要有序稳步推进，对外投资要形成并发挥好组织优势、管理优势、技术优势和品牌优势，对外投资需要专业服务配套"跟得上"，要谨防对外投资风险，对外投资需要履行社会责任等思路。同时，提出了唐山推动国际投资合作的主要制约因素主要有：企业开展国际产能合作的意识还不够强；开展国际产能合作的支持政策和措施不够完善；金融支持乏力、企业境外投资项目融资困难；跨国经营人才和信息服务仍然是国际产能合作的瓶颈；把控风险的意识和能力有待提高。最后，提出主要发展思路：做好统筹规划，引导有序合作；推动优势产业的全球布局；因地制宜创新对外投资合作方式；用好人文交流与国家合作机制组合手；创新服务模式，提升对外投资便利化水平；履行社会责任，推动国际产能合作可持续发展。

专题四为探索金融服务开放型经济新举措。该专题从加强金融与实体部门紧密对接，通过政企共建扶持基金促进科技企业发展，帮助企业通过资本市场直接融资，利用境外金融市场缓解企业资金困难；加强事后事中监管严守底线防范金融风险，加强政策性出口保险为开放型经济助力；强化理赔服务，发挥专业追偿能力为企业化解风险；发挥风险预警和信息服务优势，提高风险容忍度，帮助企业抓订单扩市场；扩大人民币跨境使用规模助力企业“走出去”等方面总结了唐山在探索金融服务开放型经济的创新举措。总结了通过政策引导扩大人民币跨境使用规模，利用跨境外汇担保政策帮助企业解决融资困难，推进外债结汇改革便利化等可复制推广经验。同时，分析了主要问题和制约因素，主要体现在：政策性出口信用专业服务及利用率不够充分，利用国内外融资渠道有待增强，有针对性的个性化、多样化金融产品还需提高。最后，从统筹协调、加快沿海地区金融要素资源集聚；创新机制、提升金融服务沿海发展水平；夯实基础、增进沿海地区金融基础设施建设等方面提出了发展思路。

专题五为探索开放型经济运行管理新模式。该专题总结了唐山的主要做法，主要体现在：不断调整权力清单、构建“互联网+”管理新模式；通过商事改革提升营商环境、推行事后事中监管新模式；落实税制行政改革、加强企业“走出去”税务服务力度；落实税制行政改革、加强对企业“走出去”的税务服务力度，以及深化海关在通关、行政服务、监管、服务企业等方面的改革；优化开发区的行政改革、发挥开发区经济引领优势等。重点从“互联网+政务服务”推动“放管服”改革；加强平台全系统整合、全方位联通，统一基础规范、使用规范、管理规范；在深化开发区“放管服”改革等方面总结了可复制推广经验。分析了存在的问题和制约因素主要有：试点工作由于地方权限不足，导致改革不充分、不到位；地方简政放权存在掣肘；企业融资难、融资贵的问题需进一步突破。此外，与北京、天津相比，由于在产业基础、政策环境、生活配套等宏观因素存在一定差距，唐山市受到两地巨大虹吸效应的影响，从而导致人才难以形成聚集优势。

最后，提出了主要发展思路及对策建议：扩大先行先试权限，力争将自贸试验区政策覆盖到试点城市和地区；建立试错、容错和纠错机制；对有产品、有信用、有发展前景的中小企业要降低收费标准，减少企业融资成本。此外，从国家政策层面来看，不同开放型试点城市具有不同特色的产业集群、技术与文化优势及历史传承，应允许试点城市在这些具有优势的产业多闯多试；建议从国家部委层面尽快实行部门之间的信息联通，构建部门信息共享平台，为事后事中监管提供信息方面的便利支持。

专题六为探索形成各类开发区（园区）协同开放新机制。该专题总结了唐山的主要经验做法和取得成效，主要体现在：优化整合开发区发展，统筹顶层设计，优化空间布局；深化机构编制管理改革和行政审批制度改革；深化人事和薪酬制度改革；强化投融资平台建设；加强督导考核等方面。通过改革调整，优势资源更加集中，产业特色更加鲜明，项目建设提质提速。分析了存在的主要问题与制约因素：一是抓经济发展精力不够集中，二是高端人才集聚效应不明显。最后，指出了主要发展思路：继续深入推进“放管服”改革，建立权利和责任清单，通过信息公开和集中统一，建立起高效透明的执法体系和事中事后监管体系。

专题七为立足京津冀协同发展促进对内对外开放。该专题分析了通过京津冀协同发展战略给唐山带来的主要变化，主要体现在：协同发展红利初现，经济增速稳步提升；积极落实承接京津任务，项目合作成果颇丰；交通、科技、公共服务建设成效斐然，基础设施建设日臻完善；化解过剩产能、生态环境不断改善。分析了主要经验做法及取得成效，主要体现在：一是通过行政审批便利化，“落地签”制度创新，强化政府服务职能，提升城市吸引力，多渠道、全方位开展招商引资等推进“放管服”改革措施，打开了承接京津产业转移的新局面。二是深化协同发展平台建设，多平台产业集聚效果显著。建设曹妃甸协同发展示范区、芦汉协同发展示范区，实施多区县集中招商，发挥产业集聚优势。三是借力京津，实施创新驱动，引领唐山产业转型。如，充分发挥区位优势，开展教育合作与交流；搭建创新创业平台，着力支持科技型中小企业；以技术开发应用为引领，加强科技创新有效供给。分析了其主要制约因素，主要有：一是与北京、天津、雄安新区三大区域核心在协同发展机制和政策上不对称；二是唐山自身经济、社会基础相对薄弱，对人才的吸引力不足，对新兴产业的支撑力度有待提高；三是在产业转型升级方面，传统的资源型产业基础使唐山在转型升级道路选择上存在双重压力；四是在对外开放方面，政策向北京、天津、雄安倾斜，唐山成为“政策洼地”，开放引资、招商面对虹吸压力。最后，提出了主要发展思路：一是树立“不为所有，但为所用”的思想，推进“飞地经济”“飞地港”合作新模式。由异地监管、异地审批到完善的“飞地经济”，将“飞地经济”扩展到港口领域，推动“飞地港”模式，深化区域协同开放。二是拓宽产业政策思路，深度融入京津冀产业链网。三是以区域开放促进对外开放，重点承接京津的加工贸易、服务外包等外向型产业。

附件一是关于唐山加快“建成东北亚地区经济合作窗口城市”的调研报告。2010 年 7 月，习近平总书记视察唐山时，提出了“努力建成东北亚地区经济合作窗口城市”重要指示要求。唐山建成“窗口城市”具有“五大优势”：有薪火相传的开放基因、有得天独厚的开放区位、有港通天下的开放枢纽、有内外联动的开放基础、有功能完备的开放平台。但与江浙沿海开放城市相比，思想解放度、港产城融合度、经济外向度、城市宜居度、投资便利度都存在很多短板和不足。客观分析唐山实际，“窗口城市”的标志至少体现在五个方面：一要成为“一带一路”建设关键节点，二要成为国际综合交通物流枢纽，三要成为国际产业合作多赢样板，四要成为高层次国际交流前沿平台，五要成为宜居宜业开放包容品质之城。建成东北亚地区经济合作窗口城市，需要明确五大发展目标，实现开放型经济质量和效益显著提升、世界综合性贸易大港地位显著提升、京津冀协同发展成效显著提升、对外投资和跨国经营能力显著提升、城市国际化程度显著提升等“五个显著提升”。应锁定“四条路径”：一是筑巢——推动产业要素大聚集，二是架桥——畅通国际物流大通道，三是搭台——促进海外人才大交流，四是对标——营造开放包容大环境。同时，还要在打造现代化产业体系、便捷通畅交通体系、高效智慧服务体系、自由便利贸易体系、绿色宜居生态体系、开放包容文化体系等“六大支撑体系”上下功夫。建成窗口城市既要着眼长远打基础，更要只争朝夕搞攻坚，以务实有力举措推动“窗口城市”建设不断取得新实效。具体包括：推动港口能级新提升、培育海洋经济新动能、打造开放平台新引擎、探索招商引资新路径、构建对外贸易新格局、拓展国际合作新空间、塑造窗口城市新形象、增创开放环境新优势、厚植开放合作新理念。

附件二是对非洲投资和产能合作的考察报告，这也是课题的后期研究成果。通过对尼日利亚、加纳、冈比亚、埃及等非洲四国的调研，研究了我国对非投资中的重点、难点和对策。中非产能合作是“一带一路”产能合作的重要组成部分，报告分析了四国具有资源丰富、要素成本低、开放程度不断提高、市场潜力大等方面的优势，为国内产业转移提供了广阔市场空间。同时也分析了面临的主要投资风险，以及我国在对非投资中存在的主要问题。在此基础上，提出了加强统筹性和协同性，加快完善服务保障体系，建立企业对外投资资格审查制度，加强境外经贸园区建设等相关建议，从而为我国对非洲投资的重点领域选择和风险防范提供了参考借鉴。

此课题在研究期间，得到了海南省副省长沈丹阳、国家发展改革委原副秘书长范恒山、中国国际经济交流中心总经济师陈文玲、社科院工业经济研究所副所长崔民选、国家行政学院进修部巡视员陈炳才、国务院发展研究中心办公厅副主任来有为、中国社会科学评价研究院院长荆林波、国家发展改革委外资司处长王卓明、商务部政研室处长郑胜利、商务部政研室副处长吴伟华、商务部服贸司处长王旭阳及《人民日报》经济社会编辑室副主编于春晖等专家的指导与帮助，在此一并表示衷心感谢。由于我们的水平有限，本书的研究还有许多不足之处，敬请各位同仁予以批评指正。

王晓红

目　录

总报告

打造京津冀开放型经济新引擎

唐山是河北省开放型经济发展的龙头，2016年6月被列为全国构建开放型经济新体制综合试点试验城市，也是京津冀地区唯一的试点城市。开展试点工作以来，唐山市委市政府坚持以开放促改革、促创新、促转型、促发展，按照新一轮高水平对外开放的要求，围绕构建“市场配置资源新机制、经济运行管理新模式、全方位开放新格局和国际合作竞争新优势”进行一系列大胆探索。深化“放管服”改革取得显著成效，营商环境进一步优化，积极融入“一带一路”建设，全面开放格局日益完善，开放型经济质量不断提高，已经基本形成了对内开放与对外开放并举，“引进来”与“走出去”并重，贸易与投资紧密结合，国际与国内产业联动、市场有机融合的开放发展新局面。通过发展开放型经济，有效推动了全市供给侧结构性改革，实现了传统产业和过剩产能国际转移，产业结构不断优化，综合竞争力不断提升。2016年全市经济总量、外贸进出口总额、利用外资总量、对外投资总量等指标均居河北省第一位，全市地区生产总值实现6306.2亿元，同比增长6.8%；人均生产总值80617元，同比增长6.2%，比全国平均水平高出49.3%，已经跻身于先进地区行列，成为京津冀地区开放型经济发展的新引擎。

2010年习近平总书记提出将唐山“努力建成东北亚地区经济合作窗口城市、环渤海地区新型工业化基地、首都经济圈重要支点”的战略定位，为唐山开放型经济发展描绘了宏伟蓝图。当前，唐山市正面临着“京津冀协同发展”“一带一路”建设、“构建开放型经济新体制综合试点试验城市”等国家重大战略历史性交汇的黄金机遇期，为加快建成国际化沿海强市，打造京津冀地区开放型经济的新高地和新增长级创造了有利条件。

一、唐山市开放型经济发展的基本现状

（一）外贸综合效益不断提升

“十二五”时期，在全国外贸增速下滑的背景下，唐山市外贸出口年均增长达8.5%，保持了稳步增长态势。2016年全市进出口额467亿元，占全省进出口总额的23%，居第一位；其中出口额占23.2%。2017年1—9月全市进出口额542.3亿元，全省占比为21.3%；其中出口额296.9亿元，列全省第二位；进口额245.4亿元，列全省第一位。全市有备案企业近4000家，实际经营进出口相关业务的企业1000余家，民营企业成为外贸进出口的主导力量。2017年1—9月三资企业、国有企业、民营企业出口分别为46427万美元、158182万美元和228710万美元，占全市出口总额比重分别为10.7%、36.5%和52.8%；进口额分别为82069万美元、53660万美元和223267万美元，占全市进口总额比重分别为22.9%、14.9%和62.2%。出口产品结构不断优化，唐山市出口产品主要集中在钢铁、机电产品、陶瓷三大领域，2017年1—9月这三大领域出口额分别为219455万美元、75989万美元和41965万美元，占出口总额比重分别为50.6%、17.5%和9.7%。“一带一路”建设为出口企业带来了新的市场空间，全市出口市场已经形成以亚洲为主体，欧洲、北美、拉美、大洋洲等新兴市场快速增长的多元化布局。2017年1—9月全市对亚洲出口244375万美元，占出口总额的56.4%；其中对东盟出口95785万美元，占39%。外贸企业不断提高自主创新能力，增强了国际市场竞争力。跨境电商、服务外包、综合外贸服务企业等新型贸易业态不断发展。

（二）利用外资实现量质齐增

唐山实际利用外资存量超过150亿美元，连续13年位居全省首位。2016年全市实际利用外资14.8亿美元，同比增长19.2%，占全省总量比重的18.2%；其中制造业实际利用外资10.2亿美元，占71.2%。2017年1—9月全市实际利用外资10.61亿美元，同比增长54.1%。全市有三资企业400多家，松下、爱信、通用、华润等17家世界500强企业和国际知名跨国企业在唐山落户。外资结构正在由能源、钢铁、装备制造等领域，不断向金融、旅游、电子商务等服务业拓展。外资在带来资金的同时，也带来了先进技术、现代化管理、高端人才和新兴产业，为推动唐山由资源依赖的传统产业向构建具有国际竞争力的现代产业体系转型注入了新的动力。“十二五”以来，唐山市累计引进各类外国专家2375人次，有4名外国专家获国家“友谊奖”，25名获河北省“燕赵友谊奖”，34名荣获唐山市“凤凰友谊奖”。

（三）对外投资迈出坚实步伐

按照中央“三去一降一补”的要求，把握“一带一路”建设的有利机遇，唐山市积极实施“走出去”战略，支持鼓励钢铁、水泥、煤炭、装备制造等优势传统产业积极参与国际产能合作和装备制造合作，通过绿地投资、股权并购、合资合作等方式，对外投资规模、质量和效益不断提升，有效输出了优势产能、化解了过剩产能。截至2017年上半年，全市累计对外投资项目136个，投资总额近20亿美元，对外投资企业达100多家企业，涉及钢铁、煤炭、水泥、陶瓷、线缆、制造及农业、服务业等领域，投资范围遍布美国、德国、俄罗斯、南非和中国香港等60多个国家和地区。2017年1—9月全市累计核准对外投资项目9个，投资额3.06亿美元，同比增长10%。随着“一带一路”建设推进，对中东欧、非洲地区投资日趋活跃。

（四）综合贸易大港战略地位日益突出

唐山港综合实力位居国内前列，已经成为我国“一带一路”建设的重要战略支点。目前，矿石、煤炭、钢材、原油等大宗货物的年吞吐量突破5.2亿吨，2016年居全国第6位、世界第7位。2016年京唐港区完成吞吐量2.71亿吨，居河北港口第1位，全国第9位；集装箱运量突破150万标箱，占河北港口总量的一半；公司实现净利润13.2亿元，在全国17家A股上市港口企业中排名第3位。京唐港区和曹妃甸港区已建成各类泊位123个，并拥有全天候靠泊30万吨轮船的天然深水航道，唐山港也是渤海湾唯一能停靠40万吨矿石船舶的港口。2016年投资20亿元启动实施了三港池集装箱化改造、四港池通用散货泊位、25万吨级航道等一批立港兴港的大项目，已经形成了港口跨越发展的基础和框架。2017年1—9月全港货物吞吐量同比增长9.6%，集装箱运量同比增长32.7%，继续保持了旺盛的发展势头。唐山港已跻身全国沿海第三大港口，是全国前10大港口中增速最快的港口。

（五）对外开放推动了结构转型和自主创新发展

唐山市通过构建开放型经济新体制，带动了产业结构调优调强。2016年全市第一、二、三产业增加值分别为599亿元、3411.2亿元和2296亿元，占比分别为9.5∶54.1∶36.4，同比增长分别为3.5%、5.1%和10.2%；民营经济实现增加值4338.7亿元，同比增长7.3%。2016年装备制造业实现增加值609.2亿元，对工业增长的贡献率达30.3%，占全市规模以上工业增加值比重达到21.2%，成为经济增长的主力；高新技术产业实现增加值209.6亿元，占比7.3%；高铁、风力发电、新能源汽车、工业机器人、石墨烯等新兴产业规模不断壮大，钢铁等传统产业技术装备水平和创新能力大幅跃升。企业综合效益明显提高，2016年规模以上工业实现利润404.2亿元，同比增长88.4%；R&D经费支出66.5亿元，占地区生产总值比重1.1%；万元生产总值能耗同比下降4%。全市逐步形成了开放协同创新的局面，2016年新增省级工程技术研究中心2个，市级以上工程技术研究中心、重点实验室、产业技术研究院总数达206个，承担研发项目1514项，开发新产品、新装备、新工艺1215项，增加经济效益33亿元。

二、构建开放型经济新体制的主要做法及取得成效

（一）积极探索开放型经济运行管理新模式

全市围绕推动一流营商环境建设，不断深化“放管服”改革，着力降低企业经营成本。

1. 建立权利和责任清单常态化机制

在权力清单制度建设方面，目前纳入市级行政权力清单编制范围的41个部门，行政权力由4227项削减到1819项，缩减了56.97%。在责任清单制度建设方面，41个部门确定了518项主要职责，2712项部门细化责任事项，304项与相关部门有职责边界的管理事项，370项加强事中事后监管的制度措施以及304项公共服务事项。在简政放权方面，2015年至今向县（市、区）下放、取消和调整市级行政权力事项共145项；其中2017年下放取消调整81项。

2. 切实提高行政审批效能

一是建立集中会审制度。围绕固定资产投资项目审批前置条件、施工图审查、施工条件、竣工验收等关键环节，由市审管办召集相关部门单位实行集中会审，这项改革共减少行政审批事项18项，平均精简申请要件41个，平均减少审批时限33个工作日。二是推行“135”审批完结制。将政务服务中心的244个审批服务事项细化成346个，并划分为“即来即办”“1日内办结”“3日内办结”“5日内办结”四个大类。除26个事项外，其余均按要求纳入了“135”审批完结制度。审批事项当场办结率由原来的8%提高到18%，平均办理时限压缩了62.4%。

三是实行审批事项办理标准化。有关部门将审批依据、申请条件、申报材料、审批流程、审批权限、审批时限、收费情况等内容编写成《业务指导规范》在网站公开，形成统一标准。

3. 建立高效便捷的网上服务体系

一是建设全流程网上审批体系。政府出台了《唐山市网上审批、网上监察运行管理规则》，要求各审批职能部门实行全流程网上办理，实现互联网申报，办公内网预审查、预受理、预审核、预审批，申请材料核实后一次性办结。二是加强市政务服务网络互联互通建设。设立市、县、乡镇（街道）三级网上办事大厅，目前14个县（市、区）、4个开发区、239个乡镇（街道）全部实现了政务服务网络全覆盖。三是构建市县乡三位一体、三级联动的网上审批、网上监察系统平台，统一使用市电子政务网、市权力运行电子监察系统和一个审批平台。

4. 加快商事制度改革

加快推行"多证合一、一照一码"制度，在市政务服务中心设立企业注册登记和变更"一站式"代办服务，政务服务中心各窗口实行上门服务、预约服务和延时服务。2017年以来，工商、发改、规划、住建、公安、交通、民政、药监等部门累计开展延时服务490多件。

5. 推行"双随机、一公开"监管模式

全市制定出台了"双随机、一公开"相关监管实施方案，纳入监管的成员单位达47家，随机抽查事项达到市场监管执法事项的100%。通过及时收集并公示企业登记、行政处罚和年报信息，实行企业"经营异常名录"和"黑名单"制度，形成"一处违法、处处受限"的企业信用监管新机制，提高了事中事后监管能力，增强了企业诚信合法经营的自律意识。

6. 取得的主要成效

一是加快"放管服"改革，优化了营商环境。2015年，曹妃甸区行政审批局集中整合了过去分散在 22 个审批部门的 154 项审批职责，将 42 枚公章变为 1 枚，并重新设计审批流程，不断精简环节，实现全程“一站式”办理、“一条龙”服务、“一枚公章管审批”。在审批局成立前，企业投资的建设工程项目全过程办理时限为 195 个工作日，目前划拨土地项目已经压缩至 71 个工作日，出让土地项目压缩至 58 个工作日。全市办理营业执照只需要 3 天时间。

二是创新审管分离互动机制，强化了事中事后监管。曹妃甸行政审批局只负责审批，监管由原来的职能部门负责，并将信息交换平台链接到“曹妃甸政务服务在线”网上大厅，审批办理情况及时传送到监管部门，同时建立动态交接台账，审批完成后 1 个工作日内移交监管部门，实现审批信息共享。

三是建立横到边、纵到底的服务网络，打通为企业服务的“最后一公里”。曹妃甸建立起以行政审批局为主体，4 个政务服务中心为支撑，链接 15 个场镇为民服务中心和 123 个村队便民服务站。同时，推进“互联网 + 微信”“互联网 + 审批”的服务模式，实现网上事项申报、审批、查询、咨询、评价和投诉“一揽子”办理。2017 年上半年，曹妃甸区新增各类市场主体 2639 个，同比增长 6.36%，较审批局成立前增加 79%。

（二）积极探索形成各类开发区（园区）协同开放新机制

1. 优化整合开发区布局

为从根本解决开发区“小而散、无序化”的状况，唐山市将开发区由 26 个整合为 18 个，其中国家级经济开发区 1 个、省级以上高新技术产业开发区 3 个、省级物流产业聚集区 10 个、综合保税区 1 个。在开发区整体布局中重点把握三个原则：一是坚持做好顶层设计，统筹考虑开发区的布局和功能定位。根据各开发区的区位条件、产业基础、环境承载能力等实际情况编制规划，基本形成了产业优势互补、错位发展、功能协调的发展格局。二是以打造区域经济的核心驱动力为着力点，提升开发区基础建设水平和整体竞争力。按照“项目向园区聚集”的原则，将新建的工业项目全部落户在各个开发区，原有工业项目逐步向开发区内搬迁。引导开发区调整产业结构，将招商引资重心向高新技术和现代服务业转移。三是优化空间布局。依托唐山丰富的资源优势和临港产业优势，将全市开发区划分为城市经济、沿海经济、县域经济三大板块，形成资源配置更加合理、更加协调的格局。

2. 深化开发区体制机制改革

2017年以来，唐山市扎实推进开发区机构编制、人事薪酬制度、行政审批、投融资平台四项关键领域改革，进一步激发了开发区的活力，提高了管理运营效率。一是深化机构编制管理改革，增强协同发展能力。市委副书记、副市长分别兼任高新技术产业开发区、海港经济开发区两家市管开发区的党工委书记，县（市）区管理的省级开发区党工委书记、管委会主任全部由所在县（市）区委书记、县（市）区长兼任，有力推动了各开发区的工作协同性。二是推进行政审批制度改革，提高服务效能。市政府赋予开发区同级政府相应的经济社会管理权限，向开发区下放、授权或委托部分行政管理事项。目前，高新技术产业开发区、海港经济开发区等10家开发区已设立行政审批局，形成了“集中决策、集中审批、集中管理”“一个中心全覆盖，一枚公章管审批”的高效运行机制。三是深化人事薪酬制度改革，强化激励机制。自2017年4月唐山市开发区改革发展领导小组印发《关于加快开发区人事和薪酬制度改革工作的指导意见》以来，目前市高新技术产业开发区、海港经济开发区等6家开发区已基本完成人事薪酬制度改革工作。四是强化投融资平台建设。18家开发区全部设立了具备独立法人资格的投融资平台，为企业的融资渠道通畅提供了保障。

3. 加快高新区体制机制改革创新

市高新区着力围绕实施创新驱动战略，切实提升企业和产业技术创新能力，加快科技体制机制创新，不断完善创新、创业、融资等服务平台建设。一是积极吸引国际国内科技创新资源。2016 年以来，高新区内拥有市以上企业技术中心、工程技术研究中心和重点实验室 84 家。引进各类人才 1143 名，其中国家“千人计划”2 名、“万人计划”专家 2 名，设立省级高层次人才创业和示范项目 5 个、院士工作站 3 家和博士后工作站。其中，开诚机器人工程实验室等 3 个项目被列入国家资源型城市转型升级专项。同时，积极推进开元特焊与北京工业大学、创通科技与北方工业大学、拓又达与中科院电工所等开展产学研合作。二是推进创新型产业集群建设和科技型中小企业培育计划。高新区机器人产业基地被认定为国家火炬计划特色产业基地，2016 年实现产值 25 亿元，有企业 22 家，涉及矿用抢险机器人、巡线机器人、钻孔机器人、消防机器人等 17 个系列，主导产品技术水平全部达到国内领先，部分达到国际先进，被国家质检总局批准为“全国焊接机器人制造产业知名品牌创建示范区”。2016 年高新区科技型中小企业 553 家，科技小巨人企业 27 家。三是引进共性关键技术和科技服务平台。先后引进国家“千人计划”马书根机器人服务平台、陆建华院士团队多维传感公共技术平台等创新平台。达意、唐联 2 家企业被认定为“河北省信息化与工业化融合公共服务示范平台”。

4. 取得的主要成效

一是开发区整体实力增强。2016 年，全市开发区多项指标在全省排名中位居第一，完成主营业务收入 11737. 6 亿元，同比增长 21. 5%；固定资产投资额 2591. 9 亿元，同比增长 25. 7%；税收总额 249. 1 亿元，同比增长 18. 7%；规模以上工业增加值和固定资产投资额占全市的 1/2。2016 年，开发区利用外资 10. 3 亿美元，同比增长 18. 5%，占全市的近 70%；利用外资项目 54 个，其中超过 1000 万美元的外资项目 25 个。2017 年 1—9 月，全市各开发区（园区）实现主营业务收入 10535. 9 亿元，同比增长 19. 9%；规模以上工业增加值 1434. 8 亿元，同比增长 16.9%；税收 251.4 亿元，同比增长 37.9%；固定资产投资 2188.52 亿元，同比增长 3.4%；直接利用外资 70976 万美元，同比增长 13.2%。2018 年完成主营业务收入 16000 亿元，同比增长 16%；固定资产投资 3500 亿元，同比增长 17%；税收 370 亿元，同比增长 20%；直接利用外资 14 亿美元，同比增长 16.7%；规模以上工业增加值 2170 亿元，同比增长 17.3%。2017 年 1—7 月，全市省级以上开发区完成主营业务收入 8055 亿元、税收 182.9 亿元、规模以上工业增加值 1024 亿元、固定资产投资 1538 亿元；实际利用外资 5.1 亿美元。截至 2016 年，开发区已入驻的世界 500 强企业、国内 500 强企业超过 70 家。

二是产业特色更加鲜明。核心产业聚集能力和品牌效应得到增强，打造了一批具有引领和支撑作用的产业集群。其中，高新区突出打造国家火炬计划焊接产业基地、机器人产业基地、京津冀石墨烯孵化和产业化基地，丰润开发区着力打造国家高速动车组产业基地，海港开发区着力打造新型化工产业基地，南堡开发区着力打造中国海洋化工产业基地，曹妃甸着力打造京冀曹妃甸协同发展示范区，开平开发区着力打造高端装备制造产业园等。

三是建设速度和效率大幅提高。全市开发区 2016 年新开工项目 359 个，其中投资 10 亿元以上的新开工项目 43 个。2017 年 1—7 月，新开工项目 365 个，总投资 1460.9 亿元；新竣工项目 176 个，总投资 203.7 亿元。其中包括：汉沽经济开发区总投资 100 亿元的环渤海（汉沽）绿色家居产业园，滦南经济开发区总投资 150 亿元的滦南（北京）大健康国际产业园，曹妃甸经济开发区总投资 33 亿元的唐山恭成科技有限公司传感器项目、总投资 25.5 亿元的中欧新型建筑材料产业园，乐亭经济开发区总投资 27 亿元的唐山腾龙再生科技有限公司二次资源综合利用项目，海港经济开发区总投资 16 亿元的量子技术应用产业园等，一批大规模、高质量的项目加快建设。

（三）积极探索推进国际投资合作新方式

1. 加强组织协调和政策引导

唐山市着力构建以市场为导向、以企业为主体、发挥产业特色优势的对外投资促进政策体系，出台了《唐山市人民政府关于加强与中东欧国家投资合作的实施意见》等一系列政策，每年安排2000万元财政专项资金用于企业开展境外投资合作项目的贴息、奖励及补贴，同时在信息发布、培训等方面予以支持，为企业“走出去”参与国际产能合作营造良好环境。成立了由市分管领导任组长，商务、发改、工信、外汇、金融等政府部门为成员单位的国际产能合作领导小组，并建立联席会议协调机制，在项目审批、政策研究、信息服务、融资支持、风险防控等方面为企业境外投资提供全方位支持，形成了政策合力。

2. 广开对外投资信息渠道

一是建立全市外经贸数据库，对企业境外投资所涉及的产业及国家和地区进行分析研究。二是积极与波兰、捷克、匈牙利等中东欧国家，乌拉圭、巴西、墨西哥、哥斯达黎加等拉美国家，以及哈萨克斯坦、阿联酋等亚洲国家的驻华使领馆和商贸机构建立沟通联系机制，及时发布对象国的经济发展、投资环境、招商引资政策、合作领域等相关信息，并推介本市的优势企业。三是采用“请进来”的方式提供信息服务。先后邀请德国、匈牙利、乌干达等10个国家驻华使节到唐山举办投资环境说明会、项目对接会，使企业在家门口就能获得对外投资合作的相关信息。

3. 搭建“走出去”合作交流平台

一是通过地方政府间互访、建立友好交流城市、承办国际合作会议等多种形式，加强与国际产能合作重点国家的交流互动，推动了海港开发区中东欧产业园、瀚海科技产业园、乌干达唐山姆巴莱工业园、华通集团卡拉干达州产业园、唐山特色产品拉斯海马自贸区海外仓等重大项目建设。二是借助省有关部门搭建的各类平台为企业对接项目创造条件。先后组织企业参加省政府举办的“银企对接会”“中东欧合作项目专题对接会”“河北企业走进非洲合作项目对接会”“德国勃兰登堡州合作项目对接会”等项目对接活动。利用2016年中东欧地方会、中拉企业家峰会在唐山市举办的契机，组织企业参加各类项目对接活动。

4. 为“走出去”企业提供风险防范服务

为了增强企业跨国经营抵御国际风险的能力，市有关部门积极组织“走出去”企业进行经验交流和培训，分享成功的境外投资企业在项目推进、风险防控、投资方案设计等方面的经验，使企业走出去的步伐更科学、更规范、更稳健。市商务局不断建立完善劳务合作境外纠纷、突发事件处置应急工作机制和风险防范预警工作体系，加强劳务人员出国前培训，提高履行合同和安全意识。实地考察企业经营状况，加强投资真实性审查，并指导企业填写申报材料，完成项目可行性研究，有效降低“走出去”的风险。同时，建立“政府、银行、保险＋企业”的“3＋1”工作机制，引导对外投资企业严格执行投资国生态环境标准、履行社会责任、维护国家形象，成为当地标杆企业。鼓励银行、信用保险等金融机构为“走出去”企业提供新的金融产品，加大风险监测力度。

5. 取得的主要成效

一是有效实现富余产能转移、出口带动效应和构建全球价值链体系。唐山作为传统重工业资源型城市，“三去一降一补”的任务十分艰巨。钢铁、水泥行业通过国际产能合作，有效化解了过剩产能，形成了全球产业链和价值链。2016年，唐山市炼铁去产能786万吨、炼钢去产能783万吨、煤炭去产能50万吨。唐钢集团并购塞尔维亚斯梅代雷沃钢铁生产基地年产220万吨，预计到“十三五”末将实现1000吨钢铁产能“走出去”。神鹰科技在匈牙利合资建设50万吨彩涂板生产线项目，延伸了上下游产业链，扩大了产品全球价值链增值空间。河钢集团唐钢公司通过并购世界最大的钢铁贸易商瑞士德高公司，实现了共享世界一流企业的技术、服务、人才和全球营销网络，提升了企业跨国经营管理能力、国际化人才素质和产业转型升级能力。冀东水泥在南非投资项目带动国内机电设备及材料出口 4.5 亿元。

二是实现与投资国互利共赢，推动东道国新型工业化体系建设。唐钢并购塞钢项目为塞尔维亚解决 5400 人就业岗位，对当地经济和社会发展起到了重要作用。冀东水泥通过在南非投资为当地带去世界最先进的节能环保技术，解决当地就业 200 多人，用工本地化率达 74%。唐山姆巴莱工业园区建成后将吸引入驻企业超过 30 家，总投资超过 6 亿美元，为乌干达创造超过 12000 个就业岗位。

三是海外并购、投资建厂、合资合作等多样化投资方式不断成熟。2016 年 6 月，河钢集团对塞尔维亚斯梅代雷沃钢厂实施并购，并委托集团内的唐钢公司进行运营管理。唐钢集聚国内外优势资源，利用先进技术和管理方式，使倒闭的钢厂当年实现减亏，到 2017 年 4 月累计产铁 114 万吨、产钢 123 万吨。华通线缆集团先后在坦桑尼亚、赞比亚、喀麦隆等国家投资新建企业，开展电力设备及电缆的生产、销售和贸易。

四是海外营销网络正在加快布局。唐山冶金锯片公司先后在德、法等国家设立合资企业，借助外方技术、品牌和营销网络开拓市场，产品在欧洲市场占有率达到 13%。唐山港集团投资 1000 万美元在中国香港设立贸易公司，主要经营铁矿石等大宗货物的进出口业务。东海钢铁集团有限公司投资 128.9 万美元在中国香港设立贸易公司，主要向国外市场采购铁矿石等原料。庞大汽贸集团先后在蒙古国、中国香港设立销售公司，不断开拓国际市场。

五是境外产业园区建设取得积极成效。乌干达唐山姆巴莱工业园是唐山市第一个海外产业园，由唐山天唐集团负责开发建设运营。园区规划面积 2.51 平方千米，以农产品加工、冶金建材、新能源、汽车零部件制造及组装、家用电器、日用消费品、物流仓储等传统产业为主导，着力打造集加工、制造、贸易、物流及投资服务、商务咨询于一体的新型工业园区。匈牙利现代仓储及物流中心项目由唐山融通清科公司与匈牙利迈泽克韦什德市合作开发建设，发挥匈牙利航空港机场及周边交通基础设施优势，项目一期将打造超过 30 万平方米的仓储和近 20 万平方米的物流中心。

六是通过境外工程承包输出先进技术和管理服务。冀东装备工程公司在蒙古国与 MBM 公司签订了额尔根水泥厂三年期运维协议和乌兰巴托 120t/h 粉磨站 EPC 项目，主要为蒙古国水泥和矿山开采的工艺设计、设备备件供货、建筑安装、生产调试、维修服务、生产运营等提供全产业链服务。杭萧钢构（河北）公司先后在新加坡、马来西亚开展年安装 7000 吨、10000 吨建筑钢结构产品工程项目，这些项目全部由企业在国内进行相关的设计和制造加工之后，在国外进行施工安装，有效带动了设备和服务出口。

（四）积极探索建立质量效益导向的外贸促进新体系

1. 不断完善外贸促进政策和服务体系

一是 2016 年市政府出台了《唐山市口岸发展专项资金管理使用办法》《唐山市促进楼宇（总部）和外贸经济发展的意见》等政策，支持全市口岸建设和外贸企业发展。二是设立市级出口信用保险扶持发展资金，对投保出口信用保险企业保费给予 20% 支持。三是为企业退税提供便利化服务。通过企业分类管理、远程申报、“互联网 + 退税”等方式缩短出口退税周期，提高出口企业退税效率。目前，唐山市外贸企业退税业务平均办结时限：一类企业只需 2 个工作日，二、三类企业只需 8 个工作日。四是落实进口税收减免政策。支持重大装备、关键零部件、节能环保等先进技术和产品进口，加快减免税项目备案及审批办理速度，确保企业充分享受国家税收优惠政策。2017 年上半年共减免税款 2570.9 万元，同比增长 102%。五是为中小出口企业提供风险保障。

制定了出口额300万美元以下的中小企业及农产品出口企业的风险保障政策，共签订政府全额保单401家，投保额3.2亿美元，保费96.4万美元；落实河北省出口信用保险专项资金656.19万元以及唐山市出口信用保险扶持发展资金137.85万元。

2. 推动“单一窗口”“大通关”建设，提高贸易便利化水平

围绕“大通关”建设，不断探索通关一体化机制，积极推进电子口岸建设，进一步提高口岸通关效率和关检执法效能。一是推进关检合作，实现一次申报、一次查验、一次放行的“三个一”模式。海关系统和出入境检验检疫系统签订了《关检合作“三个一”》协议，减少重复作业，优化通关流程，年底前通关时间可缩短1/3，降低了企业通关成本。二是加快通关信息化建设。唐山港集团等相关码头业主单位率先进行信息化系统建设，为实现国际贸易“单一窗口”打下坚实基础。全市实现通关作业无纸化率达99%，并实现了出口退税数据联网，海关税费电子支付率达69%。三是简化进出口企业注册登记，企业可凭统一社会信用代码向海关办理进出口货物报关单申报手续。四是建立“海关—企业”联络员制度，为企业提供个性化监管服务。

3. 提升港口综合服务水平和辐射带动能力

一是不断拓展外贸业务和口岸功能，打造综合贸易大港。在全面发展铁矿石、原油等大宗散货和集装箱、钢铁、杂货等综合运输的基础上，积极申报特殊商品指定口岸资质。2017年5月唐山港整车进口口岸资质获国务院正式批准，成为河北省首个汽车整车进口口岸。目前京唐港区已获批木材、粮食、肉牛、整车等资质，正在开展苗木、肉类、包装类食品、水果等口岸资质申报工作。二是构建物流网络体系，开辟外贸新航道。唐山港已开通国际航线132条，可通达70多个国家和地区的150多个主要港口，在直达日本关东、韩国釜山的基础上，继续开辟至东亚、东南亚近洋航线，形成了外贸近、远洋航线网络体系。三是积极与国内其他港口合作，构建东西互济的国际航运物流网络。唐山港

通过与大连港、钦州港的合作，加快融入了东北亚和东盟港口合作网络；通过与天津港共享航线优势，加大了欧美、中东、非洲远洋航线货源中转力度，形成了津冀港口间集装箱航线“双向互通”。2016 年唐山港申报的“东部沿海—京津冀—西北”通道集装箱海、铁、公多式联运项目入选国家首批多式联运示范工程，该项目利用西北能源外运出海通道、南北沿海物流通道两条国家级物流大通道，服务于京津冀、西北、东部沿海及日韩、蒙古国、中亚等境内外四大区域。四是加快内陆港建设，促进海陆联动。自 2016 年 11 月唐山港在二连浩特、包头、晋中等地挂牌成立唐山港内陆港之后，进一步密切与内陆地区联系，计划在乌鲁木齐、石嘴山、乌兰察布、鄂尔多斯、乌海、五寨、朔州等地新建 7 个内陆港，同时积极协调各联检单位探索在内陆港实施一体化通关措施。

4. 实施“出口产品质量安全示范区”建设工程

为提高出口产品的创新能力和国际竞争力，唐山市积极推动“出口产品质量安全示范区”建设，重点将唐山陶瓷、遵化食品、曹妃甸食品农产品、丰南钢铁、滦南农具等产品出口基地打造成为国家级出口产品质量安全示范区。其中，曹妃甸出口食品农产品质量安全示范区已通过国家验收，遵化出口食品、滦南出口农具质量安全示范区已申报国家级验收。

5. 积极发展跨境电商业务等新的贸易模式

一是加快发展跨境电商业务。2017 年曹妃甸综合保税区管委会与河南保税集团签署了战略合作框架协议，共同打造曹妃甸综合保税区跨境贸易电子商务产业园，将曹妃甸的区位、港口和政策优势与河南保税集团的运营管理经验有机结合。同时，对跨境电商进出口商品实施“以质量安全为底线、风险监控为核心、清单管理和质量安全追溯”为基础的检验监管模式，对经营主体及商品实施备案管理，对进出口跨境电子商品实施清单管理，对出口商品集中申报、集中办理放行手续，对进口商品实施“前期备案、提前监管、后期跟踪、质量监控”的过程管理。二是推动唐山特色产品海外仓库建设。为进一步促进钢铁、陶瓷、农具等产品开拓中东、非洲等地市场，唐山市积极支持钢铁协会、陶瓷协会、钢锹协会及有关企业赴境外建设集仓储、展示、销售于一体的海外仓储项目。2016 年、2017 年先后与乌拉圭 RAS 集团、迪拜杰贝阿里自贸区、拉斯海马自贸区等地就建设唐山特色产品海外仓项目达成合作意向。三是建设外贸综合服务企业。京唐港区保税物流中心（B 型）已经通过验收，将实现保税仓储、转口贸易、出口退税、国际配送、集装箱服务等综合服务功能。

6. 取得的主要成效

一是出口企业创新能力、品牌建设能力不断增强。唐山卫生陶瓷基地自 2011 年被列为商务部首批“国家外贸转型升级示范基地”以来，已经在 120 多个国家和地区进行商标注册，通过国际认证 46 项、申请专利 276 项，拥有国家级技术中心 1 所、省级 2 所，博士后工作站 1 所。惠达、梦牌、中陶等企业分别在北京、上海设立设计研发中心，通过技术创新和产品创新提升产品附加值。唐山卫生陶瓷产业已开发 200 多个品种，形成了产业链完善、产品多元化的布局。唐山百川智能机器有限公司共研制出轨道交通专用设备 680 多种，取得专利 75 项，填补国内空白 82 项，国际领先产品 2 项，国内领先产品 124 项；出口新加坡、日本、巴基斯坦等 15 个国家，销售额年均递增 30%，2016 年实现营业收入 7.5 亿元，出口额 1.2 亿元。洋仓贸易等 3 家企业获得第二批跨境电子商务示范企业认定，华通线缆、贺祥机电等 8 家企业获得第三批外贸品牌优势企业认定。

二是进出口结构加快调整。从出口来看，机电产品出口规模不断扩大，增速明显。2014 年、2015 年、2016 年机电产品占出口额的比重分别为 9.1%、10.8%、10.7%，2017 年 1—9 月上升到 17.5%。2017 年 1—9 月机电产品出口同比增长 44.8%；其中，机械设备、电器及电子产品、金属制品出口额分别为 24818 万美元、26338 万美元和 18612 万美元，占全部机电产品出口比重分别为 32.7%、34.7% 和 24.5%，同比增长分别达 54.7%、46.% 和 35.9%。其次，2017 年 1—9 月农产品出口 6678 万美元，同比增长 12.1%；服装出口 14434 万美元，同比增长 24.4%；钢铁、纯碱出口额同比分别下降 43.5% 和 17.3%，反映传统产业出口竞争力增强，钢铁等高耗能行业去产能取得明显成效。从进口来看，2017 年 1—9 月全市进口额同比增长 44.4%。其中，资源产品铁矿砂、煤炭进口额分别为 257476 万美元、46908 万美元，同比增长分别为 35.6%、157.2%，占进口总额的比重分别为 71.7%、13.1%。机电产品进口 17889 万美元，同比下降 5.1%。

三是新兴市场开拓能力不断增强。2017 年 1—9 月，全市对欧洲出口 41507 万美元，同比增长 24.2%。其中，对欧盟出口 35454 万美元，同比增长 26.3%；对中东欧出口 2365 万美元，同比增长 8.8%；对拉美出口 37523 万美元，同比增长 6.7%；对北美洲出口 53137 万美元，同比增长 25.4%；对大洋洲出口 7329 万美元，同比增长 8.1%。钢材、卫生陶瓷、装备制造、食品等优势产业不断向“一带一路”沿线市场拓展。其中，唐钢集团的产品出口到沿线 20 多个国家，唐山机电产品出口到世界 140 多个国家和地区。

四是港口创新能力和综合效益大幅提高。唐山港深入推进与国际接轨的管理体系，企业管理精细化、信息化水平不断提升，获得河北省政府质量奖。2016 年，唐山港实现营业收入 56.26 亿元，同比增长 9.1%；利润总额 16.58 亿元，同比增长 4%；资产收益率达 12.2%。在全国 17 家 A 股上市港口企业中，净利润排名仅次于上海港、宁波港居第 3 位，净资产收益率列第 1 位。截至 2017 年 7 月，唐山港京唐港区集装箱运量完成 100.12 万标箱，同比增长 35.72%。2016 年以来，获得实用新型专利 37 项、软件著作权 6 项。智慧港口建设入选交通运输部智慧港口示范工程，“唐山港车辆智能作业一体化管理系统”入选国家示范项目，集装箱自动化系统、“港通天下”电商平台入选河北省互联网+智能制造跟踪项目库。

（五）积极探索金融服务开放型经济新举措

1. 构建全方位融资促进体系

一是创新融资产品和融资服务。按照中国人民银行2016年4月印发《关于在全国范围内实施全口径跨境融资宏观审慎管理的通知》和国家外汇管理局2016年6月9日印发《关于改革和规范资本项目结汇管理政策的通知》，市建行及时推出了“跨境融资风险参与”（简称“跨境风参”）业务，帮助企业解决融资困难、降低融资成本、拓宽融资渠道。2016年8月首钢迁安钢铁公司通过该业务模式引入境外金融机构融资1450万美元，节省近1%的融资成本。二是搭建政银企对接平台。2017年上半年全市各县（市）区共举办银企对接活动26场次，累计参会企业500余家，签约超过11亿元。河北银行与市政府签订战略合作框架协议，到2020年将为唐山提供500亿元以上资金支持。三是拓宽小微企业融资渠道。市有关部门联合出台了《唐山市关于开展“政银保”合作贷款支持小微企业融资实施细则》《唐山市天使投资基金管理暂行办法》《唐山市科技风险投资基金管理暂行办法》等政策，缓解小微企业融资难、融资贵问题。四是利用基金促发展。唐山金融发展集团成立农业、工业、服务业三只子基金，基金总规模9.1亿元，撬动社会资本6.8亿元，体现了财政资金的引导和放大作用。

2. 不断完善金融服务和风险防控体系

一是加强协同监管，优化金融生态。唐山市出台了加强金融生态环境建设的若干意见，并成立了金融监管协调联席会议、金融法治环境建设工作领导小组、金融支持外经贸企业发展帮扶小组等机构，针对企业遇到的融资问题提供精准服务，防范化解金融风险。二是大力发展科技金融，扶持外贸企业技术创新。金融发展集团与路北区政府、深创投合作设立3亿元的投资基金用于投资战略性新兴产业，与九鼎投资合作设立1亿元的创投基金支持科技型中小企业。2016年支持了57家科技型中小企业贷款融资。三是不断丰富金融业态。2016年以来，先后成立了冀资唐山资产管理有限公司、曹妃甸金融控股集团有限公司、曹妃甸区河北环渤海煤炭交易中心、曹妃甸融资租赁有限公司等融资机构，引进平安银行、华林证券等5家金融机构。目前正在积极筹建唐山市金融服务中心。

3. 推进外汇管理审批体制改革

一是外汇行政审批工作效率。建立"一站式"综合服务，集中受理、分类办理外汇审批、登记等业务，提升了企业收付汇效率。根据行政审批项目编制业务指南，做到权力、程序、进度、结果公开。利用互联网建立与银企信息渠道沟通机制，开通"外汇业务交流群""外资企业QQ群"和电子邮箱等服务平台，2016年共解答政策咨询1000余次。建立外汇业务行政许可网上预审预批机制，同时对县域涉外企业提供"当场办理"绿色通道。二是深化外债管理改革，制定推进结汇改革的有关措施，支持辖区企业充分利用国际资源和市场融通资金。2016年以来，全市跨境融资结汇1944万美元，同比增长3.6倍。

4. 取得的主要成效

一是扩大了人民币跨境使用规模。2016年5月以来，唐山市以人民币对外投资3900万元（折合564万美元），人民币境外放款710万元（折合106万美元）。二是通过跨境外汇担保政策解决了企业融资困难。先后为燕山钢铁有限公司等4家企业办理内保外贷15700万美元，使境外企业及时获得贷款资金支持，赢得了发展机遇。三是推动开滦集团成为省首批跨国公司外汇资金集中运营业务试点企业，已经获得了5亿元轧差结算额度，并进行境外发债的准备。四是出口信用保险渗透率创历史新高。2017 年上半年中信保河北分公司唐山辖区内总承保金额 4.07 亿美元，全市出口渗透率（承保额占出口额的比重）达到 12.8%，同比增长 2.4 个百分点；其中，一般贸易出口渗透率达 15.6%，同比增长 4.6 个百分点。信用保险服务出口企业数量 236 家，覆盖率达到 35.32%，高于全省平均水平 7.23 个百分点。其中，支持小微出口企业 198 家，覆盖率 35.2%；支持农产品出口企业 8 家，覆盖率达 50%。

（六）积极探索以京津冀协同发展为主线的对内对外开放新格局

唐山市按照中央推进京津冀协同发展的总体部署，以协同开放促进协同发展，借助河北与北京在承接产业转移方面已经建立的合作基础，与京津两地政府和企业形成长效对接机制，通过承接京津产业转移促进结构转型升级，形成对内对外双向开放的新格局。

1. 创新京津冀协同发展的体制机制

一是形成干部挂职交流机制。2014 年 6 月河北与北京、天津启动了双向挂职工作，推进京津冀双向互动、立体对接的协同发展格局。三年来，京津到唐山挂职干部共 28 名，唐山派往京津挂职干部 11 名。京津两地挂职干部发挥自身优势、积极作为，发挥了桥梁纽带作用，带来了项目、资源和新的理念，增强了唐山市战略新兴产业、现代服务业、先进制造业等方面的招商引资能力和先进管理水平。二是推进京津冀协同发展示范区的先行先试探索，把示范区打造成协同发展的“桥头堡”。唐山与北京共同投资建设曹妃甸协同发展示范区，使之成为承接疏解非首都功能产业转移的示范平台。通过规划共绘、信息共享和机制共建，真正实现了曹妃甸与北京中关村等地的协同发展。自 2014 年 7 月京冀两地政府签署了《共同打造曹妃甸协同发展示范区框架协议》之后，京冀共同出资成立京冀曹建投公司资本金 50 亿元、首钢基金发起设立曹妃甸发展基金总规模 100 亿元，用于投资示范区基础设施建设。示范区与北京市经信委、金融局、教育等近 20 个市直部门建立了常态化的对接机制。目前，曹妃甸协同发展示范区开工亿元以上项目31个，投资额85.9亿元。同时，与天津共建芦汉协同发展示范区，与滨海新区政府签署了《关于进一步深化区域合作的框架协议》，在自贸区政策共享及港口、产业园区、交通等8个方面开展全方位合作。三是按照“机制协同、产业协同、公共服务同城化”的原则，对于京津企业落户实施“落地签”政策，即京津企业整体搬迁来唐，只需要提交新址住所证明，即可先行办理变更落地，企业可保留原名称不变，仅此项政策吸引了一批北京产业落户唐山。

2. 有效对接京津科教创新资源推动“双创”

2016年唐山市成为国家第二批小微企业创业创新基地城市示范试点，以此为契机，全市积极吸引京津两地“双创”示范品牌、国家重点科研机构和著名高校到唐山设立分支机构。这些科研机构为唐山带来了前沿技术、科研团队、科技服务平台等创新资源，推动了人才集聚和新产业发展，成为推动“双创”的亮点。如，与北京亦庄经开区合作设立创业创新公共服务平台实现资源共享，由北京华普亿方公司打造的唐山创业创新谷目前已从北京引入10家企业团队。智慧神州（北京）科技有限公司建设的唐山市小微企业创业创新公共服务平台，将政府、小微企业和社会化服务机构融合起来，通过“互联网+”对服务资源进行分类汇集，为中小企业提供政策、工商、财税、法务、融资、专利、创业辅导和融资对接等全方位服务。北大科技园在唐山建设园区，借助北大资源优势，引进北京优质项目。2017年上半年共举办“新兴产业科技资源发布暨能源环保领域技术对接洽谈会”等5场技术成果对接活动，向企业推介科技成果200余项，达成合作意向12项。

3. 推动与京津两地金融资源协作

2017年6月中国人民银行营业管理部、中国人民银行天津分行、中国人民银行石家庄中心支行与唐山市政府共同签署《金融支持唐山（曹妃甸）协同发展　构建开放经济新体制金融合作备忘录》，形成了引导金融资源向唐山汇聚的长效化合作机制，并将北京中关村、天津自贸区的金融政策扩展延伸到唐山（曹妃甸）。2017 年 4 月滨海新区、唐山、廊坊和保定外汇局共同签署了《滨海新区、唐山市、廊坊市、保定市深入推进京津冀本外币协同发展合作协议》，从服务创新、监管创新、试点政策创新和宣传创新等方面入手，建立了外汇管理业务合作的常态化机制。

4. 取得的主要成效

一是通过承接京津产业转移全面提升了产业竞争力。曹妃甸职教城、北京同仁堂中药制剂基地、北京专用车和新能源汽车等一批重大项目在唐山落地。汉沽环渤海绿色家居产业园有 50 多家京津两地的家具企业入驻，总投资 65 亿元，被北京工信委誉为“北京产业整体外迁的样板”；汉沽北方商用厨具科技产业园有希恩（中国）机械等 10 家企业入驻。2017 年 6 月滦南县与西部发展控股有限公司、同仁堂等 24 家企业签订投资合作协议建设大健康产业园区，计划总投资 150 亿元。2017 年上半年全市举办京津对接活动 33 场，共达成合作协议 39 项，金额 361.82 亿元。

二是通过引进京津科技资源促进了科技创新和新动能发展。目前，市发改委推进与京津高校、科研院所、科技企业合作重点项目 40 余项。市科技局跟踪京津高校、科研院所的研发成果，挖掘京津新兴产业的“富矿”，通过“走出去”与“引进来”相结合的方式，实现精准对接和落地转化，加快引进一批新技术、新产品、新业态、新模式，推动新兴产业集群式发展。2016 年以来，引进“全自动大型钢管打捆包装机器人、昆虫触角电位仪、聚谷氨酸生产、金属陶瓷复合耐磨材料、激光制备石墨烯复合涂层、打磨机器人、镁基耐高低温新型低温稀土锂电池”等科技成果产业化项目 69 项。推进了唐山科技中心、融通清科科技企业孵化器、石墨烯众创空间、京津冀钢铁联盟协同创新研究院等创新创业平台建设。中核太阳能发电、中溶科技 30 万吨无水乙醇等 7 个

10 亿元以上的大项目有力带动了当地经济发展。

三是承接京津产业转移形成扩散效应和辐射带动效应，吸引了“凤还巢”项目。2016 年全市共吸引“凤还巢”项目 145 个，总投资 381. 9 亿元。其中，制造业项目 48 个，总投资 145. 3 亿元；新能源、新材料、互联网、生物制药、信息技术等战略性新兴产业项目 32 个，总投资 88. 5 亿元。

三、主要问题及制约因素

第一，在对外贸易方面。一是唐山作为传统资源型城市面临着结构调整的压力仍然突出，外贸转型升级的任务艰巨。新兴产业规模较小，服务贸易滞后是主要短板，出口结构仍以传统产业为主导；钢铁、陶瓷等支柱产业还没有摆脱全球价值链中低端困境；钢铁、煤炭等资源型产业处于转型过渡期，面临国家对高污染、高耗能行业的宏观调控政策压力较大；长期积累形成的同质化、无序竞争和传统的外贸经营模式，降低了企业的整体抗风险能力。二是国际市场竞争激烈，贸易保护主义增多，使唐山面临的出口形势更加严峻。钢材是唐山市的主要出口产品之一。近年来，国际钢材市场竞争激烈，对整体外贸出口影响较大，国内外钢材价格倒挂直接压缩了企业出口利润空间。同时，国际贸易摩擦日益加剧。欧洲、美国、韩国、印度、越南等对我国钢材采取反倾销措施变本加厉。2015 年全市对上述国家和地区出口近 20 亿美元，占钢材出口总额的 1/3；2016 年对上述国家或地区出口大幅下降至 15 亿美元，高于钢材出口总体下滑幅度；2017 年 1—9 月钢材出口同比下降 43. 5%。同时，陶瓷、化工产品面临来自欧盟、土耳其、美国的贸易摩擦也不断增多。此外，人民币汇率波动也给出口企业带来一定的影响。

第二，在对外投资方面。一是企业开展国际投资合作的意识和能力有待增强。有些企业缺乏国际化经营理念，不愿走出去、不敢走出去；有的企业由于国际化经营时间短、经验少，在战略和策略上还停留在建立销售、维修服务点等初始阶段；有的企业对于国家推进国际产能合作的政策措施及相关投资国等情况了解不够，虽然“想走”，但不知道该往哪走、怎么走。二是国家关于国际产能合作的促进政策和措施还不够完善。据企业反映，虽然已经出台了一系列支持企业对外投资的政策措施，特别是国务院印发了《关于推进国际产能和装备制造合作的指导意见》，但尚缺乏具体的配套落实措施。企业反映，就现有政策措施来看，特别是对境外资源开发型投资、技术研发型投资及国际产能合作型投资，存在政策扶持力度不够、资金支持难以获得等方面的问题。此外，在政策信息、投资合作信息等方面存在不对称问题，有信息的单位找不到合作者，有意向进行国际投资的企业找不到信息，不知道如何寻求合作。

第三，在金融服务方面。一是企业境外投资融资困难问题突出。由于境外投资项目存在周期长、风险高等诸多因素制约，企业普遍存在融资难、费率高等问题。如，冀东发展集团与中非基金、东盟基金开展合作，投资了南非、缅甸的水泥项目，但后续融资非常困难，冀东发展集团南非曼巴水泥项目获得融资支持耗时数年。二是风险保障机制尚不完善。目前的商业保险和政策性信用风险保障不能完全覆盖企业出口过程中遇到的主要风险，且不同区域的赔付比例不同，有些区域出口信用保险的赔付率仅为60%～70%，远远低于西方发达国家90%的赔付率，还有一些国家不在承保范围。此外，异常汇率波动风险不在保障机制之列。一些发展中国家汇率出现断崖式下跌，导致企业遭受巨大损失，尤其是企业开拓“一带一路”沿线市场面临的突出问题。三是企业综合运用出口信用保险政策的能力和水平还存在一定差距。多数企业仅运用了风险保障功能，在利用信用保险开拓市场、培育新增长点等方面还不充分。企业在“一带一路”沿线投资方面，对政策性出口信用保险的相关政策和产品使用还不够充分。

第四，在人才培养与引进方面。目前企业普遍缺乏跨国经营人才，尤其是缺乏了解国际市场、具有国际管理经营、精通外语的专业化、复合型高端人才，急需建立一套人才培养和引进机制。其次，由于北京、天津对高端人才的虹吸效应，以及唐山市在环境、待遇及传统观念、体制机制等方面的束缚，导致对于人才的吸引力不足。因此，建立和完善京津冀人才引进、交流合作机制尤为迫切。此外，海外高端人才的引进机制还不完善。

第五，在开放政策方面。唐山与北京、天津、雄安新区相比，在区位优势及国家开放政策上都具有明显劣势，因此在招商引资、人才引进、承接产业转移等方面受到“挤压”。如，在与天津产业对接中，由于天津自贸区享有相关优惠政策没有延伸到唐山，导致唐山的外贸企业许多外流到了天津。

四、主要发展思路

应牢牢把握新产业革命和数字经济发展的趋势，立足京津冀协同发展新格局，抓住“一带一路”建设的机遇，进一步夯实开放基础、优化开放环境，全面提升唐山市开放型经济规模、质量和水平。充分利用两个市场和两种资源，积极融入全球产业链、价值链和创新链，把发展开放型经济和促进产业结构调整紧密结合，不断深化体制机制改革，切实提高创新能力，积极培育经济增长新动能。构建创新引领、开放融合，以先进制造业和现代服务业为主体的现代产业体系，推动产业迈向中高端水平。

（一）加快培育外贸增长新动能，推动外贸转型升级和提质增效

以资源要素投入、低成本价格优势为主要特征的传统外贸发展方式正面临着空前严峻的挑战，受到国际国内环境因素的双重压力。为此，一要积极推动外贸企业由要素驱动向创新驱动转变，着力提高技术创新、管理创新、服务模式创新等方面的能力。积极探索新型外贸业态和

模式，适应数字经济时代的全球贸易竞争形势。二要加快完善“国际贸易单一窗口”建设，增强关、检、商务等部门的协同能力，提高外贸便利化水平。三要加快发展跨境电商物流服务体系。尽快实现关检等部门与电商、物流等企业的业务协同和数据共享，健全电子支付管理体系。积极推进跨境电商平台和产业园区发展，支持重点跨境电商企业做大做强，通过与跨境电商试点城市的企业合作共享国家优惠政策。四要大力发展外贸综合服务企业，打造为中小外贸企业服务的综合平台，整合融资、通关、退税、物流、保险等供应链管理功能，降低外贸企业综合成本。五要支持企业建设境外仓储物流网络，开拓线上线下相结合的海外营销渠道。支持企业建设公共海外仓，在物流仓储、展示推广、售后服务、信息服务、数据收集等方面为外贸企业提供境外服务。六要不断完善港口、口岸、物流等开放基础设施建设，加快构建以互联网、物流网、大数据为支撑的外贸服务平台，形成陆海联动、线上线下协同的开放网络。做强做大口岸经济。

（二）加快发展服务贸易，提高服务业开放水平

努力培育服务贸易新业态、拓展新领域、促进集聚发展，形成服务业与服务贸易、货物贸易与服务贸易融合发展的新格局。一是加快发展服务外包产业。唐山具有发展服务外包的成本优势、区位优势、人才优势，应抓住北京疏解非首都功能、服务外包企业外迁的时机，吸引北京服务外包企业落户。重点发展软件与信息技术、呼叫中心、金融后台、文化创意、研发设计、供应链管理等外包服务领域。二是加大服务业外资引进力度。积极实施外资准入前国民待遇加负面清单管理模式，放宽服务业外资准入，吸引外资进入金融保险、节能环保、医疗健康、养老、教育、研发、文化旅游等服务业。加快发展数字经济，培育大数据、云计算、人工智能、国际商务、数字创意等新业态，提升服务出口增值水平。提高跨境旅游、现代物流等传统服务贸易的数字化、信息化水平。

（三）把握“一带一路”建设机遇，引导企业稳步开展国际产能合作

一是加强顶层设计和统筹规划。认真研究制定重点产业领域、重点投资对象国的产业合作规划。根据目前所在国别投资合作的情况，筛选条件成熟、经济社会效益好、对方关注度高的项目进行重点推动，切实发挥重大项目在产能合作中带动装备、技术、标准、品牌、服务走出去的引领示范效应。二是推动优势产业的全球价值链布局。唐山市在钢铁、水泥、陶瓷、装备制造等行业具有比较优势，是国际产能合作和装备制造合作的重点领域，要着重加强与“一带一路”沿线重点国家和地区的基础设施投资和产能合作，实现向沿线国家有序转移部分制造业产能。把开展国际产能合作作为钢铁行业“去产能”的重要路径，支持钢铁企业结合境外矿产资源开发，通过绿地投资、股权并购等方式，在东南亚、非洲等重点国家建设生产基地；发挥水泥企业技术、装备、设计和工程建设等方面的综合优势，在非洲、东南亚、中东欧、拉美等国家建立生产基地；支持优势陶瓷企业做大做强自主品牌，在中东、拉美等地建立生产基地和海外仓，进一步拓展海外市场。三是创新国际投资合作模式。要因地制宜采取绿地投资、股权并购、合资经营、产业园区、工程承包等不同投资方式，拓展制造业国际合作产业链。尤其要注重通过跨境并购、参股和合作等方式，获取知名品牌、营销网络和先进技术，在海外设立或并购研发中心构建全球创新网络，提高组合全球创新资源的能力。四是提升供应链运营管理能力和组织化水平，努力向价值链中高端发展。鼓励企业通过传统优势产业“走出去”构建境外配套服务体系，提高跟随性服务水平。在境外设立加工组装、分销、售后服务和全球维修体系。五是提升对外投资服务能力。加快公共服务体系建设，完善对外投资的信息、政策、融资、外汇等服务，针对企业在对外投资中遇到的法律、会计、审计、风险评估及其他经济技术方面的困难，组织相关专业机构提供技术援助与服务。发挥行业组织作用，可成

立“境外投资服务联盟”，在信息提供、交流互访、项目对接、人才培训等方面为投资企业提供全方位服务。六是提升对外投资便利化水平。应按照“备案为主、核准为辅”的境外投资项目管理模式，简化审批手续；探索对境外投资项目实行“网络备案”等新的模式，缩短项目备案时限。

（四）促进对外投资、对外工程承包与国际贸易联动发展

对外承包工程、对外直接投资是货物、技术、劳务、服务出口的综合载体。据世界银行测算，对外投资每增加1美元可带动直接（含资本货物、半成品及原材料）出口3美元。目前，唐山市已有钢铁、煤炭、建材、制造、农业、服务等领域的100多家企业开展境外投资合作，要通过政策的引导和扶持，以外经企业整合进出口资源，带动上下游企业共同走向国际市场，提高对外承包工程和对外投资带动出口的能力。一方面要推动外经外贸对接交流平台建设，推动以项目为核心的上下游企业联合，组织外经企业与本地的设备、零部件、原材料、技术和生活物资供应企业进行对接。另一方面要建立完善的政策促进体系，对采购本地产品出口金额较大的外经企业给予信贷、保险、财政等方面的支持。

（五）发挥资源禀赋和政策优势，拓展环渤海临港经济网络

以建设具有国际竞争力的港口群为目标，将天津港口自贸区的相关优惠政策延伸到唐山港，形成具有竞争新优势的自由贸易港区。加强唐山港与天津港、黄骅港等周边港口的协作，形成布局合理、优势互补、协同发展、资源共享的环渤海大湾区新型临港经济体系。实现港区功能组合及延伸放大效应，将物流中转、仓储、分拨、配送、运输等功能有效整合，不断完善港区综合物流、国际贸易等功能，建设国际先进水平的现代物流综合服务体系。借鉴纽约湾区、东京湾区、粤港澳大湾区的经验，探索环渤海大湾区港口群的合作形式。完善基础设施建设，积极发展以国际航运为主导的临港产业集群，打造具有国际一流水平的航运

物流环境。

（六）按照高水平对外开放的要求，进一步优化营商环境

按照新一轮高水平开放的要求，建设开放包容、竞争公平、政策稳定透明的营商环境，积极打造“亲商、安商、富商”的浓厚氛围，是提高吸引外资竞争力的关键，也是构建开放型经济新体制的重要内容，是形成全面开放的基础。一要加快投资审批体制、商事制度、综合执法体制改革和信用体系建设。不断完善“一站式服务”“多证合一”“多评一表”“并联审批”“容缺受理”等新的服务模式，继续提高行政效率。加强对外资事中事后监管，统一内外资企业监管标准，加强信息互换、监管互认、执法互助机制建设。二要推动开发区、高新区转型发展，推行企业化管理模式，提高招商引资市场化和服务专业化水平。三要改革招商引资评价机制，把考核目标由注重外资规模向注重外资科技含量转变。做到“引资”“引技”“引智”紧密结合，以引进海外人才、新技术、新业态、先进管理等高端要素为着力点，加强知识产权创造、运用和保护体系建设，营造良好的创新环境。继续发挥外资的技术外溢效应，吸引外资参与创新驱动战略。四是注重宜居宜业环境建设，提高交通、商贸、文化、医疗等服务质量，逐步完善国际医院、学校、社区等配套基础设施，完善外籍工作人员在出入境、生活定居等方面的便利化措施。

（七）有效防控金融风险，提升金融服务开放型经济水平

建议将北京中关村的科技金融政策、天津自贸区的金融开放政策延伸到唐山，以加快唐山市集聚金融资源的能力，提高金融开放水平。构建全方位、多层次的融资促进体系。加强银行、外汇管理、证券、保险等金融部门协作。进一步丰富金融业态，鼓励发展产业基金、并购基金及各类投资基金，发挥互联网金融的作用，探索金融超市、融资租赁等新模式，多渠道解决外贸企业融资难问题。继续保持政策性出口信用保

险支持政策的稳定性和连续性。积极探索推进人民币国际化，发挥企业开展国际产能合作的优势，扩大人民币跨境使用规模。积极推进外债结汇改革。依托人民银行跨境融资政策和外汇管理局资本结汇管理规定，引导金融机构创新融资产品。在推进金融开放的同时，守住不发生系统性、区域性金融风险底线，保障金融秩序稳定。

（八）从引资向引进创新要素转变，深度融入京津冀创新体系

在承接京津两地产业转移时，应更加注重提升中高端产业链的空间，更加注重引进京津两地的高端人才、新技术、新业态和新的管理模式等创新要素，尤其要补上人才不足的短板，提升唐山经济的内生增长动力。进一步形成与京津两地高校、科研机构的长效对接机制，吸引更多高校和科研机构在唐山设立分校、技术创新平台、技术成果转化基地等，逐步形成“京津研发，唐山转化”的创新链。鼓励唐山企业与高校共同设立技术公司，通过“企业出资金、高校出技术”的模式，使京津创新的种子在唐山开花结果，催生出更多新产业和新业态。

（执笔人：王晓红　李蕊）

专题一

探索形成全方位对外开放新格局

党的十九大报告提出“推动形成全面开放新格局”，要以“一带一路”建设为重点，坚持“引进来”和“走出去”并重，遵循共商共建共享原则，加强创新能力开放合作，形成陆海内外联动、东西双向互济的开放格局。国内外形势正在发生深刻复杂变化，我国经济已由高速增长阶段转向高质量发展阶段，如何推进全面开放新格局？近年来，唐山市全力构建开放型经济新体制，加快转变经济发展方式，促进传统资源型重化工城市向开放型创新城市转型升级，取得了全方位开放新格局的新进展。我们通过文献研究、政府组织座谈、企业访谈、实地考察等方式，对此进行了深入研究。

一、我国开放型经济格局的研究进展与发展历程

（一）开放型经济的研究进展

国外学者关于开放型经济的研究已近半个世纪。D. 格林沃尔德（1973）主编的《现代经济词典》首次提出了开放型经济的专业词条解释，提出开放型经济是国家和地区之间贸易往来无限制的一种经济模式，在这种经济模式下任何个人都可以与其他地区的任何个人发生自由贸易关系[①]。戴维·W. 皮尔斯（1983）主编的《现代经济学辞典》认为，开放型经济的内涵等同于国际贸易，从事国际贸易的地区或国家经济形式即为开放型经济，且经济的开放程度可由贸易开放度来衡量[②]。

① D. 格林沃尔德. 现代经济词典［M］. 北京：商务印书馆，1981：236.

② 戴维·W. 皮尔斯. 现代经济学辞典［M］. 上海：上海译文出版社，1988：615.

伊特韦尔约、纽曼（2003）等经济学家编著的《新帕尔格雷夫法经济学大辞典》提出，开放型经济不仅包含国际贸易，还包含国际金融[①]。杰弗里·萨克斯（2004）认为，开放型经济就是商品和某种生产要素可以在国际上流动的经济，开放的程度取决于一国的经济在多大程度上参与国际市场、依赖国际市场[②]。综合而言，西方的开放型经济是指以要素自由流动为主要特征的一种经济体制。

国内学者关于对外经济、外向型经济、开放型经济，进行了大量的研究。20 世纪 90 年代以来，我国关于开放型经济的研究成果不断涌现，逐渐形成了中国特色的开放型经济理论框架。周小川（1992）首次对开放型经济展开了理论探讨，认为开放型经济是一个与“封闭型经济”相对照的概念，强调的是把国内经济和整个国际市场联系在一起，尽可能充分地参加国际分工，同时在国际分工中发挥出本国经济的比较优势[③]。钟山（2001）认为，各国开放型经济模式的发展，通过国际市场而联成一气，极大地促进了经济全球化的发展；而经济全球化的发展，又使各国的意识形态、科学技术、文化知识以及经济发展之间的影响越来越大[④]。白津夫、沈家文（2009）基于实证研究提出，外向型经济以国际市场需求为导向，根据比较优势原则参与国际分工和国际竞争；开放型经济则以降低贸易壁垒和提高资本自由流动度为主，既吸引外资，也对外投资，不仅发挥比较优势，更发展竞争优势，提高核心竞争力[⑤]。裴长洪（2016）将中国特色开放型经济理论框架概括为：完善互利共赢、多元平衡、安全高效的开放型经济体系；构建开放型经济新体制；培育参与和引领国际经济合作竞争新优势；完善对外开放战略布

① 纽曼，等．新帕尔格雷夫法经济学大辞典［M］．北京：法律出版社，2003：543－544.

② 杰弗里·萨克斯．全球视角的宏观经济学［M］．上海：上海人民出版社，2004：122.

③ 周小川．走向开放型经济［J］．经济社会体制比较，1992（5）：4－11.

④ 钟山．开放型经济模式的外部经济效应和知识溢出原理［J］．数量经济技术经济研究，2001（7）：40－43.

⑤ 白津夫，沈家文．新苏南开放型经济模式研究［J］．经济与管理研究，2009（6）：72－76.

局；积极参与全球经济治理和公共产品供给[①]。党的十八届三中全会以来，开放型经济新体制已成为国内学者的研究重点。

（二）我国开放型经济格局的发展历程

党的十一届三中全会确立改革开放以来，我国实施对外开放战略已近40年。从对外开放、全面对外开放、对内对外开放相互促进，以至全方位开放，我国开放型经济格局历经四个发展阶段：

第一阶段（1979—1992年），我国开放型经济格局的布局阶段。1978年12月党的十一届三中全会提出，“在自力更生的基础上积极发展同世界各国平等互利的经济合作，努力采用世界先进技术和先进设备”。在这个阶段，以建立经济特区为标志拉开了对外开放的序幕，以“沿海开放城市”“经济技术开发区”为重点，逐步扩大对外开放，初步开创了以东部沿海城市为节点的对外开放格局。

第二阶段（1992—2002年），我国开放型经济格局的形成阶段。1993年11月《中共中央关于建立社会主义市场经济体制若干问题的决定》首次提出了“发挥我国经济的比较优势，发展开放型经济，使国内经济与国际经济实现互接互补”的理论阐述。1997年9月，党的十五大报告提出“发展开放型经济，增强国际竞争力”。在这个阶段，以“内陆开放城市”“沿边开发开放”“加入WTO”为重点，逐步形成全面对外开放格局。

第三阶段（2002—2012年），我国开放型经济格局的完善阶段。2002年11月党的十六大报告中提出“全面提高对外开放水平”，坚持“引进来”和“走出去”相结合。2007年10月，党的十七大报告提出“拓展对外开放广度和深度，提高开放型经济水平”，扩大开放领域，优化开放结构，提高开放质量，完善内外联动、互利共赢、安全高效的开放型经济体系。在这个阶段，以实施“走出去”战略为标志，由单

---

① 裴长洪．中国特色开放型经济理论研究纲要［J］．经济研究，2016（4）：14－29.

边自主开放转向多边框架下的相互开放，完善对内对外开放相互促进的开放型经济格局。

第四阶段（2012 年至今），我国开放型经济格局的全面升级阶段。2012 年 11 月党的十八大报告提出“全面提高开放型经济水平”，适应经济全球化新形势，实行更加积极主动的开放战略[①]。2013 年 11 月党的十八届三中全会通过的《中共中央关于全面深化改革若干重大问题的决定》首次提出，“形成全方位开放新格局，构建开放型经济新体制”。2017 年 10 月党的十九大报告提出“推动形成全面开放新格局”，以“一带一路”建设为重点，形成陆海内外联动、东西双向互济的开放格局[②]。在当前这个阶段，以“自由贸易试验区”“一带一路”为重点，全面提高开放型经济水平，构建全方位开放新格局。

二、唐山市推进全面开放新格局初见成效

党的十八届三中全会提出“形成全方位开放新格局”以来，我国自贸试验区建设加速布局，逐渐形成了“1 +3 +7”梯度推进、东中西部全覆盖的发展布局。2016 年5 月，济南、南昌、唐山等12 个城市/地区被列为全国开放型经济新体制综合试点试验地区。唐山市以试点试验为契机，努力构建开放型经济新体制，打通新通道、推进新布局、打造新支点，沿海与内陆沿边互联互动，“引进来”与“走出去”并重，形成以点带面、协同开放的新局面，初步取得三个“新”成效。

（一）打通东西互济、陆海联运的跨境新通道

第一，打通跨境多式陆海联运新通道。积极融入“一带一路”建设，大力推进唐山市与西北内陆沿边地区基础设施的互联互通，打通东西联动、南北互济的跨境新通道，加快形成沿海、内陆、沿边互联互通

① 中国共产党历次全国代表大会报告（决议）汇编［M］. 北京：人民出版社，2012.

② 习近平. 中国共产党第十九次全国代表大会报告［EB/OL］. 新华网，2017 -10 -18.

互动的“1+1+1>3”全方位开放新格局。唐山港以“东部沿海—京津冀—西北”集装箱多式联运项目入选国家首批示范工程为契机，从山西到内蒙古再到新疆，在西北的内陆港和场站扩至11个，港口腹地向西延伸3000千米，打通覆盖三北、联通中亚、通往欧洲的海陆联运新通道。

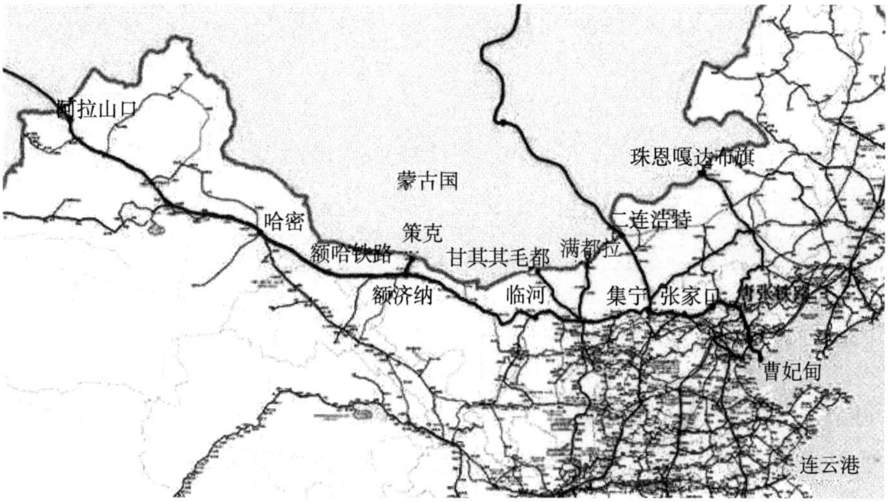

图1-1 东西互济、陆海联运的跨境新通道示意图

第二，开拓融会贯通的国际航运网络。不断开拓海向航线布局，唐山港已发展成为全球第六大港口，与世界上70多个国家和地区的160个港口实现了通航。2016年实现货物吞吐量5.21亿吨，集装箱吞吐量193.57万标箱、增长27.14%；2017年获批进口整车指定口岸资质。曹妃甸港区由集输大港向综合贸易大港拓展，可接卸40万吨级超大型矿石船舶；京唐港区20万吨级矿石码头投入使用；丰南港区口岸建设列入国家口岸发展规划。在直达日本关东、韩国釜山的基础上，开辟至东亚、东南亚近洋航线，加大欧美、中东、非洲远洋航线货源中转力度，提高国际航运市场的影响力，形成融会贯通的对外开放新局面。

第三，构建内外联动的津冀港口群分工合作网络。加快陆海内外联动，发挥与天津港航线共享优势，加快建设环渤海内支线和沿海干线，大力构建以唐山为重要节点的津冀港口群分工合作网络，形成错位发展、相互喂给、相互中转的发展格局。津冀两地共同组建津唐国际集装箱码头有限公司，两港集装箱软硬件资源共建共享，实现优势互补、分工协作、互利共赢，增强津冀港口群对环渤海、内陆腹地乃至全球的辐射力。

（二）“引进来”和“走出去”互动发展，推进一基多元的全球产业新布局

第一，发展外向型产业集群，打造具有国际竞争优势的制造基地。唐山市经济外向度不断提升。2012—2016 年，唐山市出口年均增长达到 8.5%，外贸备案企业近 4000 家，高新技术产品出口占比不断提高。2016 年唐山市进出口总值达 467 亿元人民币，占河北省外贸总量的 23%，居全省首位。高铁、钢铁、水泥、基础建材等行业优势突出，建成卫生陶瓷、装备制造 2 个国家级出口基地，遵化板栗、高新区机械电子等 4 个省级出口基地以及 5 个出口集聚区，积极融入全球产业链、价值链、物流链，形成了具有国际竞争力的外向型产业集群。比如，中车唐车公司产品先后出口泰国、马来西亚、越南等几十个国家，年均出口额 1.5 亿元美元。

第二，促进双向投资，形成开放型的全球产业布局。积极融入“一带一路”建设，支持企业扩大对外投资，在非洲、中东欧建设一批海外生产基地。截至 2017 年 6 月，唐山市已有钢铁、煤炭、陶瓷、线缆、加工制造、农业开发、现代服务等领域的 100 多家企业“走出去”开展境外投资合作，累计核准对外投资项目 136 个，总投资额 19.54 亿美元，遍布美国、德国、俄罗斯、南非和中国香港等 60 多个国家和地区，培育了一批以唐山为总部的跨国企业。华通线缆集团投资境外公司 7 家，分别在中国香港、新加坡、美国、南非设立贸易类公司 4 家，在坦桑尼亚、赞比亚、喀麦隆设立实体工厂 3 家。由唐钢公司并购管理运营的塞尔维亚斯梅代雷沃年产 220 万吨长流程钢铁生产基地项目，2016

年扭亏为盈。冀东集团加速全球产业布局，采用项目融资模式在非洲与中非发展基金共同投资的年产 100 万吨的南非曼巴水泥项目，工厂已投入正常运行。

（三）打造三大开放支点，形成以点带面、协同开放的新局面

第一，首都经济圈全面开放的战略支点。唐山以基础设施互联互通、公共服务共享共建为先导，努力打造京唐半小时经济圈。以轨道交通为突破口，加快京津冀基础设施互联互通，津秦铁路、京唐城际、唐曹铁路、水曹铁路等项目相继取得重大进展；加快京唐城际高速铁路建设，构建连接京津唐和全国高速铁路、城际铁路网的新通道。率先实现“县县通高速”，三女河机场累计开通航线 12 条，唐山港与 70 多个国家和地区的 160 个港口实现通航。到 2020 年形成以海港空港为枢纽、高速公路和铁路为纽带的京津唐交通圈，带动沿线地区经济发展，促进产业转移，优化区域资源配置。

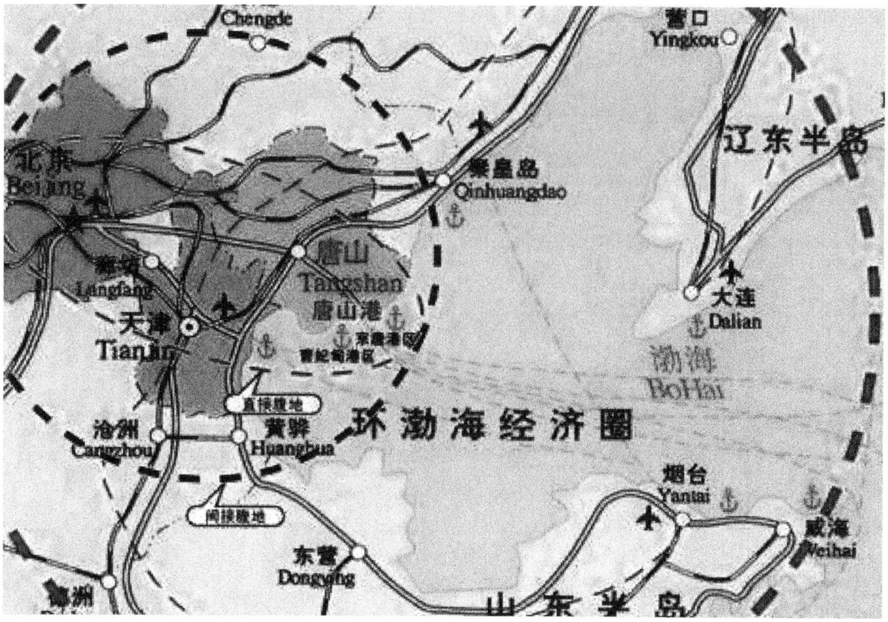

图 1－2　首都经济圈、环渤海经济圈与“一带一路”陆海新通道的开放支点示意图

第二，环渤海经济圈全面开放的战略支点。唐山加快推进京津冀协同战略，促进国际国内要素资源有序流动与市场深度融合，形成引领国际经济合作和带动区域发展的开放支点。加强招商引资与对接产业转移，打造协同发展示范园区，结合产业转型升级和产业链延伸，开展重大项目合作、引进和建设，推进京津冀产业合作。以构建国家开放型经济新体制试点试验城市为契机，充分发挥港口、区位、交通、产业基础等比较优势，主动对接、深度融入，交通、产业、环保、文教、卫生等领域齐头并进，加速推进环渤海经济圈协同开放。

第三，推进“一带一路”东西互济、陆海联运新通道的战略支点。充分发挥对外开放优势，促进沿海与内陆、沿边的开放优势互补，全力推进临港经济发展，强化港口功能，扩大临港产业规模，港口“大通关”格局初步形成。临港产业和基础配套设施建设进展顺利，打通连接山西、内蒙古、新疆，联通中亚、通往欧洲以及俄罗斯的陆海大通道，将唐山打造成为“一带一路”陆海联运新通道的战略支点，构建各具特色、合作共赢的新格局。

三、唐山市全面开放新格局的形成机制

唐山有“中国近代煤炭工业源头”“中国近代工业摇篮”之称，是全球钢铁产量最大的城市，长期的重工业化给唐山带来了经济总量增长，也带来了产能过剩、污染治理等沉重压力。近年来，唐山市深入贯彻中央决策部署，落实“三个努力建成”指示精神，积极推进“一带一路”建设和京津冀协同发展战略，全力构建开放型经济新体制。我们实地研究唐山市开放型经济新格局，发现其构建全方位开放新格局的经验做法主要体现在新思路、新动能、新路径、新优势、新范式这五个方面。

（一）充分发挥优势，开拓提高开放型经济水平的新思路

第一，充分发挥政策优势，加快体制机制创新，建设国际化沿海强

市。把创新、协调、绿色、开放、共享的五大发展理念贯彻到唐山经济社会发展各领域，以理念创新引领发展方式转变。落实“三个努力建设”指示精神，努力把唐山建设成为东北亚国际经济合作的窗口城市、环渤海的新型工业化城市、首都经济圈的重要节点城市。对标一流自贸港区，加快建设国际化沿海强市，着力推进京津冀协同发展，促进沿海与腹地联动发展。

第二，充分发挥禀赋优势，港口、港产、港城联动，发展新型港城经济。发挥“依山傍海”的区位优势，优化城市发展布局，港口、港产、港城联动发展，凸显丰富的资源优势和临港的产业优势，促进城市经济、沿海增长极、县域经济三大板块优势互补、错位发展，形成资源配置合理、布局趋于优化、产业发展协调的新格局。

第三，充分发挥开放优势，打造开放型临港产业集群。对标自由贸易港区，以建设世界级综合枢纽大港为目标，统筹三个港区规划，形成功能完备、优势互补的港口群。加快曹妃甸铁矿石、煤炭、木材等大宗商品交易中心建设。大力推动精品钢材、现代化工、装备制造、清洁能源等临港工业优化升级，延伸循环产业链，提升产品价值链。推进钢铁、重化、重型装备制造业向港区集聚，建设国际化临港产业集群。

（二）优化投资与营商环境，将开放型经济新体制转化为产业优化升级的新动能

第一，加快“互联网＋政务”建设，探索改善投资环境的新模式。深入落实“放管服”改革，加快“互联网＋政务”建设，搭建公共服务信息共享平台，协助企业应对国际贸易摩擦，形成政府服务企业“走出去”的政务开放新格局。成立行政审批局，将发展改革局、商务局等多部门的71项行政审批事项统一划转到行政审批局，开展“一站式”办公服务，形成“前台统一收件、后台分类审批、统一窗口出件”的工作模式，网上系统受理、办理审批，实现对审批过程网上监察。将过去的随意检查企业转变为科学调查、风险预测、负面清单管理相结合

的新方式，将传统的前置审批、管罚模式发展成为开放型的事中事后监管、信息互联互通的新型行政管理模式。

第二，加快构建“走出去”金融支撑体系，探索金融资本服务实体经济对外开放的新路径。在外汇管理领域建立常态化合作机制，签署《推进京津冀本外币协同发展合作协议》，从服务创新、监管创新、试点政策创新和宣传创新等方面推动合作创新。推进跨国公司外汇资金运营，搭建本部经济资金池框架，为境内外成员企业实现资金集中管理、引入低成本资金搭建平台，降低企业资金跨境流动成本。积极推动人民币资金池业务开展，便利企业资金运作，有效降低辖内企业资金跨境流动成本，促进金融资本和产业资本协同“走出去”。成立外经贸企业帮扶小组，针对企业发展中遇到的融资问题、跨境金融问题，提供精准金融服务。

第三，加快深化“放管服”改革，探索优化营商环境的新办法。全面深化商事登记制度改革，树立“不说不能办，只说怎么办”的理念，实行“一站式”办公，建立登记疑难问题会商制度，加大商标保护力度；支持设立外商投资广告企业，支持新兴广告企业发展。实施京津产业搬迁企业“落地签”政策，即企业可保留原名称不变、办理地址变更即可在唐山落户。大力发展网上纳税、自助纳税终端，深入落实出口退税各项税收政策，创造宽松便利的税收营商环境；为“走出去”企业提供税务咨询服务，协助企业享受协定优惠、解决税收争议。全面收集整理“一带一路”沿线国家的外商投资、税收、金融等信息，提醒企业规避“走出去”过程中的涉税风险。

第四，加快推进关检合作“一次申报、一次查验、一次放行”，建设东北亚国际经济合作窗口城市。加快形成国际国内要素有序流动、市场深度融合的开放型经济新格局。提高通关效率，降低运营成本，检验检疫一体化通关，京津冀实现“通报、通检、通放”，京津唐地区实现出口直放。积极推进企业高级认证和“经认证的经营者”（AEO）企业认证工作，海关税费电子支付率达69%，实施出口退税数据联网传输并取消签发纸质证明联；全面推行通关作业无纸化改革，无纸化率达99.08%。企业通关减负成效显著。

第五，加快新旧动能转换，化压力为动力，推进发展方式的新突破。以体制机制创新为主线，化压力为动力，将构建开放型经济新体制转化为经济结构优化升级的新动能。唐山市积极培育项目建设、工业经济、利用外资和扩大出口等增长点，加速新兴产业、临港产业、城市经济、传统产业活力、园区经济、现代农业。大力淘汰钢铁、煤炭、煤电等行业的落后产能，2016年累计化解炼钢产能3409万吨、炼铁产能2003万吨，分别占全省总量的54.6%、36%，钢铁企业由2013年的58家减少到42家。深化省级以上开发区四项改革，加快新旧动能转换，激发开发区活力。

（三）“招商引资”与“招才引智”并重，开辟以智力资本撬动产业资本的新路径

第一，大力组织实施重大人才技术引进项目，创新“一个名人、一个品牌、一个产业”人才引进开发模式。用产业集聚人才、用人才集聚产业，以智力资本撬动产业资本，促进国际国内要素有序流动、资源优化配置。“十二五”以来累计引进各类外国专家2375人次，有4名外国专家获国家“友谊奖”，25名获河北省“燕赵友谊奖”，34名荣获唐山市“凤凰友谊奖”。执行引进国外技术、管理人才项目100项，中车唐山机车车辆有限公司“350公里高速动车组”和“时速160公里城际动车组研发”项目连续多年被列入国家重点引智项目。围绕做大做强城市经济，盘活市中心区闲置用地和楼宇，着力拓展服务业发展空间，有序推进“凤还巢”工程，引进“凤还巢”项目132个，完成投资49.5亿元。

第二，大力引进新技术、新产品、新业态，加快壮大自主创新主体。大力引进国内大型研发机构落户，鼓励外资企业设立研究开发机构，鼓励外资研发机构与企业、高等院校和科研院所联合创建工程技术研究开发中心、企业技术中心、实验室。2016 年以来，引进“全自动大型钢管打捆包装机器人、昆虫触角电位仪、聚谷氨酸生产、金属陶瓷复合耐磨材料、激光制备石墨烯复合涂层、打磨机器人、镁基耐高低温新型低温稀土锂电池”等新兴领域的科技成果产业化项目 69 项。唐山高新区集聚京津冀三地高校科研院所和企业，设立了院士工作站、石墨烯材料工程技术研究中心、石墨烯众创空间等省级研发机构，共同创建国家石墨烯产业基地。

第三，大力拓展双向国际经贸合作和技术交流，充分利用国际国内两个市场、两种资源。加强与“一带一路”沿线国家的国际商会协会等经贸组织的联系，拓展对外联络的广度和深度，促进唐山企业与拉美企业之间的双向投资与贸易，开拓与拉美国家经贸信息互联互通的渠道。坚持“引资增资并重、引资引智并重”，积极引进各种高端技术人才。积极开展国际学术技术交流，邀请了美国、加拿大、意大利、以色列、日本等 20 多个国家的 66 名国际知名专家来唐山考察、讲学、培训和技术指导，培训出一批掌握国外先进技术和管理经验的中青年业务骨干。

（四）“走出去”发展成为更好地“引进来”，将传统的比较优势转化为新常态下的竞争新优势

第一，积极参与国际经济合作和竞争，推动装备、技术、标准、服务“走出去”。把握“一带一路”建设的机遇，在更大范围、更宽领域、更高层次上参与国际竞争与合作，“走出去”已成为拉动经济发展和培育竞争优势的重要途径。至 2017 年 6 月底，新增对外承包工程企业 21 家，完成对外承包工程营业额 21.22 亿美元，新签对外承包工程合同额 38.94 亿美元，越来越多的“唐山制造”“唐山服务”品牌走向世界。比如，河北冀东建设工程有限公司 2008 年以来在蒙古国、赞比亚、柬埔寨、印尼等国家开展了风险地质勘查、工程勘察和基础工程施工，在赞比亚、印尼注册了公司，累计发现大型矿产地 1 处，远景矿产地 2 处，完成 30 多个项目的工程勘察和基础工程施工，积累了丰富的海外施工经验。

第二，积极扩大开放领域，以外资带动内资，引进优质跨国公司和先进技术。通过创新招商方式，深化“放管服”改革，优化投资环境，吸引跨国公司在唐山投资布局。引导外资项目争取以外资办理注册，加大外资企业存量，增强利用外资后劲。拓宽利用外资领域，鼓励外商以技术出资，支持投资基础设施、金融服务、电子商务、医疗养老、先进制造及各种基于“互联网 +”的优质项目，不断培育和壮大利用外资新的增长点。支持通过现金注入、利润再投、股东借款等方式利用外资，引导外商投向高端装备制造、现代服务业。鼓励外资企业通过并购整合产业链，提升产业发展水平。截至 2017 年 6 月底，全市累计实际利用外资 158. 1 亿美元，年均递增 24. 7%，总量始终居河北省第一位；实际利用外资占河北省的比重由 1986 年的 2. 8% 上升至 2016 年的 18. 2%。吸引了日本松下、爱信、住友、美国通用电气、法国达能等数十家世界 500 强企业落户。

第三，积极引导外商向产业链高端转移，推动产业结构优化升级。加快经济结构转型升级，积极引导外商向产业链高端转移，将投资重点从资源开发、一般制造业向钢铁深加工、高端装备制造、现代服务业布局，改善外资结构。唐山市的外企主要集中于制造业、批发零售贸易业、建筑业、房地产业、住宿餐饮业和其他社会服务业等行业，截至 2017 年 6 月，一、二、三产业外商投资企业分别为 11 家、222 家、94 家，占比分别为 3. 4%、67. 9% 和 28. 7%，合同外资分别为 2 亿美元、31. 6 亿美元和 16. 6 亿美元，构建开放型经济新体制已经成为唐山市推动经济结构优化升级的新动能。

（五）国企、民企、外企三企联动，形成开放式产业协同创新新范式

第一，开放创新与自主创新并重，培育产业竞争新优势。优化创新平台，促进创新成果产业化，形成多层次、多渠道、多模式协同创新的新局面。近年来，设立市级以上工程技术研究中心、重点实验室达到206个；承担研发项目1700余项，其中省级以上研发项目409项；开发新产品、新装备、新工艺1215项，组织或参与制定标准231项，获得授权专利700余项。鼓励企业开展科技创新和商业模式创新，发挥企业在创新中的主体作用，提升企业的自主创新能力。比如，唐山百川智能机器有限公司依托自主创新取得了跨越式发展，2010年成立工业研究院以来，累计研制出轨道交通专用设备680多种，取得专利75项，填补国内空白82项，国际领先产品2项，国内领先124项。国内市场占有率达50%以上，出口新加坡、日本、巴基斯坦等15个国家。销售额年均30%递增，2016年实现营业收入7.5亿元，出口额1.2亿元。

第二，国企、民企、外企“三企联动”，探索开放式产业协同创新的新范式。建立开放型创新机制，通过研发机构“引进来”和“走出去”，发挥技术“溢出效应”和“挤出效应”，培育以技术、品牌、质量、服务为核心的竞争新优势，实现技术创新范式和轨迹的转变。唐山高新区机器人产业基地已列为国家火炬计划特色产业基地，被国家质检总局批准筹建“全国焊接机器人制造产业知名品牌创建示范区”，产品包括矿用抢险机器人、消防机器人等17个系列，主导产品技术水平全部达到国内领先，部分达到国际先进。唐山松下生产国内首台多功能六关节工业机器人本体，唐山拓又达研发成功七轴陶瓷喷釉机器人，中信重工开诚智能的消防机器人产业规模爆发式增长；2016年唐山高新区机器人产业实现产值25亿元，已发展成为中国最大的特种机器人产业集群。

四、唐山市推进全面开放新格局面临的主要问题与制约因素

（一）服务业开放和对外投资有待加大，服务贸易和服务外包尚未形成特色

服务贸易发展速度有待加快，需要加快培育服务业领域的特色产业集群。服务外包产业质态有待提高，现有产业规模较小，企业资质认证不足，领军型骨干企业不多，缺乏能够承接大型国际服务外包项目的大型企业。服务业开放度有待提高，吸引新兴产业的配套系统还不完善。

（二）对外投资体制机制未完全理顺，开放环境有待进一步优化

国有企业的决策过程复杂，缺乏灵活的跨国经营机制，有很多好项目由于缺少硬性材料和决策不及时而难以实现。对外投资的体制机制未完全理顺，企业跨国经营的融资难问题仍有待解决，保税物流、跨境电商等功能平台的作用未充分发挥。投资布局不尽合理，开放环境有待进一步优化。

（三）缺乏“高精尖”人才和复合型国际化人才，企业难以提高跨国经营能力

缺乏足够的熟悉国际经贸规则特别是资本运作的复合型人才、专业型人才和技能型人才，企业难以提高跨国经营能力。由于北京、天津对高端人才的虹吸效应，唐山对于高端人才的吸引力不足，尤其是“高精尖”专家，亟待建立更加完善的京津冀人才引进合作机制，畅通人才流动渠道，在承接京津产业转移过程中吸引更多高端人才。

五、相关的政策建议

党的十九大报告指出，我国正处在转变发展方式、优化经济结构、

转换增长动力的攻关期。未来，唐山要深入贯彻新发展理念，进一步提高开放型经济发展水平，加快培育国际经济合作和竞争新优势。相关建议如下。

（一）发挥禀赋优势和政策优势，探索建设具有竞争新优势的自由贸易港区

第一，发挥唐山的产业禀赋和区位优势，争取更加有利的政策，借鉴上海自贸港区建设的经验，努力发展具有国际竞争优势的自由贸易港区，打造独具特色的开放型港口城市。

第二，加快港区功能组合和延伸放大，有效整合物流中转、仓储、分拨、配送、运输，完善港区综合物流功能、国际贸易功能、资源增值功能，建设国际先进水平的港航服务和现代物流综合服务体系。

第三，发展具有独具特色的临港产业集群，发展新兴产业集群，拓宽交通腹地、港口经济腹地。完善基础设施建设，路路交通、水路交通、水水交通、江海联动相结合，形成立体的交通格局，构建联动发展的全方位开放的临港城市。

（二）以推进“一带一路”建设为契机，构建环渤海新型临港经济网络

第一，加强唐山港与周边港口的联合与协作。适应现代国际港口发展的趋势和区域经济发展的潮流，形成布局合理、优势互补、具有国际竞争力的港口群。深化改革政府服务、航运服务、金融服务，形成具有国际一流水平的航运软环境。

第二，借鉴纽约湾区、粤港澳大湾区的建设经验，构建环渤海大湾区。探索环渤海经济圈港口群的合作途径和有效形式，形成协同发展的新型临港经济网络，推进我国北方区域的全面开放，与粤港澳大湾区形成南北呼应、协同开放的新格局。

（三）发展跨境电子商务、市场采购等新业态新模式，开拓提高开放型经济水平的新路径

第一，大力培育新型贸易方式，促进跨境电子商务等新型贸易方式快速发展。推进内外贸结合市场建设，探索“市场采购”新型贸易方式。

第二，重点推进一批示范企业加快发展，提高跨境电商占对外贸易的比重。积极申报跨境电商综合试点，构建跨境电商集聚区。加快跨境电商网络基础设施、物流配送体系和在线支付体系建设。

第三，加快建设“网上丝绸之路”。加快布局跨境电子商务物流大通道，引导电商企业在“一带一路”沿线交通枢纽和节点城市建立海外仓储物流基地和分拨中心。

（四）加快发展服务贸易，形成服务业与服务贸易、货物贸易与服务贸易协调融合发展的新格局

第一，加大服务业对外开放力度，培育服务贸易新业态，拓展服务贸易新领域，促进服务贸易集聚发展。强化引进服务业跨国公司，推动商业存在模式的服务贸易发展。大力发展金融、节能环保、医疗、健康、养老等现代服务业。

第二，加快发展数字经济，发展特色鲜明的服务外包产业。推动软件和信息技术服务业做大做强，扩大信息技术外包，拓展业务流程外包，培植知识流程外包。加快培育和发展国际商务、度假等高附加值旅游服务，推动旅游服务跨境交付，鼓励发展旅游电子商务，培育完善信用、快递物流、支付等电子商务支撑体系。

第三，开拓工程设计、监理等国际建筑服务市场，推进钢铁、建材、轻纺等行业的研发、设计、技术培训、企业管理等“走出去”。积极支持采用特许经营、项目融资等国际通行方式开展国际工程承包，发展交通运输、现代物流和供应链管理服务，完善跨境物流管理政策和配套服务。

参考文献：

1. 习近平．中国共产党第十九次全国代表大会报告[EB/OL]．新华网,2017－10－18.

2. 中国共产党历次全国代表大会报告(决议)汇编[M]．北京:人民出版社,2012.

3. D. 格林沃尔德．现代经济词典[M]．北京:商务印书馆,1981.

4. 戴维・W. 皮尔斯．现代经济学辞典[M]．上海:上海译文出版社,1988.

5. 纽曼,等．新帕尔格雷夫法经济学大辞典[M]．北京:法律出版社,2003.

6. 杰弗里・萨克斯．全球视角的宏观经济学[M]．上海:上海人民出版社,2004.

7. 周小川．走向开放型经济[J]．经济社会体制比较,1992(5).

8. 钟山．开放型经济模式的外部经济效应和知识溢出原理[J]．数量经济技术经济研究,2001(7).

9. 白津夫,沈家文．新苏南开放型经济模式研究[J]．经济与管理研究,2009(6).

10. 裴长洪．中国特色开放型经济理论研究纲要[J]．经济研究,2016(4).

11. 沈家文,赵长茂．设立二连浩特商务特区 构建全方位开放新格局[J]．全球化,2013(5).

（执笔人：沈家文）

专题二
探索建立质量效益导向型外贸促进新体系

党的十九大报告指出，推进贸易强国建设，实行高水平的贸易和投资自由化便利化政策，是推动形成全面开放新格局的重要一环。2018年中央经济工作会议将推动高质量发展确定为我国经济当前和今后一个时期的发展思路。在对外贸易领域，通过简化监管、运输、交易方式等领域的规则和贸易程序，降低贸易成本，加速贸易流动，是提高外贸质量效益的重要举措，也是建设贸易强国的唯一途径。

构建质量效益导向型外贸促进新体系是开放型经济新体制试点工作的重要探索，贸易便利化，通过简化监管、运输、交易方式等领域的规则和贸易程序，降低贸易成本，加速贸易流动，是提高外贸质量效益的重要一环。试点工作开展以来，唐山市通过强化港口基础设施建设、提高港口综合服务能力，完善外贸促进体系，加快通关改革、优化监管服务，推进外汇改革，拓宽融资渠道，推动出口风险保障等举措全力推进贸易便利化，成效初显。外贸产业转型升级稳步推进、港口运营综合效益提高，外贸促进体系不断完善，通关效率大幅提升，金融支持外贸成效显著。目前，唐山市处于传统外贸产业转型升级爬坡期和新旧外贸发展动能交替期，下一步工作重心应着重于补足外贸发展短板，加快贸易业态创新、大力培育自主品牌、促进外经外贸联动、融合发展。

一、发展现状

“十二五”期间，唐山市外贸出口年均增长达到 8.5%，外贸备案企业近 4000 家，有进出口实绩的企业 1000 余家，年获国家出口退税 40 多亿元。唐山市出口体量长期保持河北省首位，2015 年、2016 年出口额占全省比重分别为25.9%和23.2%，是河北省的外贸出口大市。出口产品主要集中在钢铁、机电产品、陶瓷等品类，出口地区覆盖美国、欧盟、日韩、东南亚等。

从总体外贸出口状况看，近两年，唐山市处于传统外贸产业转型升级爬坡期和新旧外贸发展动能交替期，是转方式、调结构最关键的时期，受此影响，出口规模有所收缩。2015年（852213万美元）同比下降2.9%，2016年（710914万美元）下降16.6%，2017年1—7月（710914万美元）下降16.6%。

从市场主体构成情况看，民营企业已经成为唐山市外贸出口最具潜力和活力的市场主体。2014—2016年，民营企业出口份额占比分别为67.1%、67%和66.1%，国有企业占比分别为22.8%、22.9%和23.9%，三资企业占比分别为10.1%、10.1%和10.0%。

钢材、机电产品和陶瓷产品是唐山市主要出口品类。钢铁行业一直是对唐山市外贸出口贡献度最高的行业，同时也是化解过剩产能、淘汰落后产能的重点行业，2015年开始，钢材出口额及对唐山市外贸出口的贡献均呈下降态势，2015年、2016年、2017年1—7月，钢材出口占唐山市出口总额比重分别为70.2%、67.2%和52.2%，同比下降幅度分别为6.5%、20.2%和44%；附加值较高的机电产品是唐山市外贸出口的第二大类产品，2015年、2016年、2017年1—7月，占比分别为10.8%、10.7%和17.3%，同比增速分别为15.4%、-16.9%和60.3%，表现出强劲的发展势头；陶瓷产品的出口比重稳步提高，2015年、2016年、2017年1—7月分别为6.6%、7.7%和9.1%，同比增速分别为15.8%、-3%和6.4%。

出口国别中以韩国、东南亚、美国比重最高，其次是中东地区和欧洲国家。2016年，出口前十位的国家和地区分别是韩国、越南、美国、菲律宾、印尼、泰国、沙特、日本、土耳其和巴基斯坦，占当年出口额比重达68%。值得一提的是随着国家“一带一路”倡议的深入推进，钢材等主要产品在沿线国家和地区的出口量在逐年增长。以河钢唐钢为例，产品已经出口到沿线20多个国家。陶瓷出口企业也已经开始实施面向“一带一路”新兴市场的重点开发。

二、主要经验做法

（一）、以唐山港为依托，强化基础设施建设，提升港口综合服务能力

1. 加强港口基础设施建设，拓展口岸功能，打造综合贸易大港

一是提升唐山港基础设施承载能力。唐山港是唐山市的核心战略资源，是唐山市经济社会发展的重要依托。作为渤海湾的重要深水港口，目前京唐港区和曹妃甸港区已建成各类泊位123个，并拥有全天候靠泊30万吨轮船的天然深水航道。此外，唐山港是渤海湾唯一能停靠40万吨矿石船舶的港口，在全国有此接靠能力的4个港口7个泊位中，曹妃甸港区占有2个泊位，大船大港的成本优势突出。目前，唐山港已经具备基本成熟的矿石、煤炭、钢材、原油等大宗货物的作业条件，年吞吐量突破5.2亿吨，居全国沿海港口第六位、世界第七位，

二是完善现有口岸功能，积极推进口岸功能拓展。在全面发展铁矿石、原油等大宗散货和集装箱、钢铁、杂货等综合物质运输的基础上，积极申报特殊商品指定口岸资质，2017年5月28日，唐山港整车进口口岸资质获国务院正式批准，成为河北省首个汽车整车进口口岸，目前整车专用堆场、检测区规划选址已经完成，基础设施建设和检测设备购置正加快推进，并与多家汽车进出口企业达成了合作意向。截至目前，京唐港陆续取得肉类、木材、水果、整车等外贸物资进口口岸资质，冰鲜口岸资质已启动报批。

三是丰富港口功能。京唐港区保税物流中心（B型）已经通过国家验收正式投入运营，项目以集装箱、机电设备、钢铁、石材、食品等

大宗商品进出口为切入点，主要开展保税仓储、出口退税、货物分拣分装、集装箱拆拼箱、保税商品展示、全球采购和国际分拨配送等国际物流业务。该项目的实施不仅可大幅降低通关成本，提高通关效率，也为唐山市跨境电商等新型贸易模式的开展奠定了基础。

2. 借力“一带一路”倡议，积极推进内陆港建设

唐山港是“一带”与“一路”的重要交汇点。2015 年，随着张唐、临哈铁路的通车，唐山港作为“丝绸之路”中线和北线“桥头堡”的地位得到确立。唐山港以此为契机，积极布局在内蒙古等西北部地区内陆港建设。2016 年 11 月在二连浩特、包头、晋中等地挂牌成立唐山港内陆港。目前，唐山市已在新疆、甘肃、宁夏等西北地区新设 10 个内陆港，实现当地与港口水路、铁路、公路运输的无缝对接，打通连接西北乃至蒙古国、中亚等“一带一路”沿线国家的大通道，对唐山发展港口物流、外贸业务、保税仓储形成强劲支撑。

3. 拓展物流通道，构建物流网络体系，开辟外贸新航路

不断完善物流网络体系，在拓宽海向航线布局上，做精环渤海内支线和沿海干线。在直达日本关东、韩国釜山的基础上，继续开辟至东亚、东南亚近洋航线。形成了外贸近洋远洋航线有机结合的网络体系；与国内其他港口建立合作关系，加强与大连港、钦州港的合作，融入东北亚和东盟港口合作网络，利用京津冀协同发展机遇，发挥与天津港航线共享优势，加大欧美、中东、非洲远洋航线货源中转力度，形成津冀港口间集装箱航线“双向互通”；2016 年唐山港集团股份有限公司申报的河北省“东部沿海—京津冀—西北”通道集装箱海铁公多式联运项目入选国家首批多式联运示范工程，该项目利用西北能源外运及出海通道和南北沿海物流通道两条国家级物流大通道，服务京津冀、西北、东部沿海及日韩、蒙古国、中亚等境内外四大区域，实现外贸进出口货物、过境货物与京津冀、西北地区集装箱空重箱的科学调配，实现重去重回。

（二）完善外贸促进政策

1. 落实财税支持措施

出台《唐山市口岸发展专项资金管理使用办法》（唐政发〔2016〕10号）和《唐山市促进楼宇（总部）和外贸经济发展的意见》（唐政发〔2016〕9号），支持全市口岸建设发展及“出口产品质量安全示范区”创建工作，促进外贸经济发展；设立市级出口信用保险扶持发展资金，对投保出口信用保险企业保费给予20%支持，为唐山市企业出口给予资金支持；通过企业分类管理、审批权限下放、远程申报等方式缩短出口退税周期。创新“互联网＋退税”模式为企业退税提供便利化服务。目前唐山市外贸企业退税业务平均办结时限，Ⅰ类企业2个工作日，Ⅱ、Ⅲ类企业8个工作日；落实进口税收减免政策，支持重大技术装备、关键零部件、工艺优化、节能环保等紧缺技术、资源、产品进口。对重点项目，派专人做好咨询工作，加快减免税项目备案及审批办理速度，确保企业充分享受国家税收优惠政策。

2. 搭建会展交流平台，促进贸易合作，帮助企业开拓国际市场

以会展为纽带，宣传推介企业，拓宽国内外联络渠道，打通与国际市场经贸信息互联互通的渠道。一是通过引进和承接品牌展会，吸引国内外企业参展。集聚商流、物流、人流、资金流和信息流，提升城市品位，提高城市知名度和美誉度。二是结合产业特点，积极培育地方展会品牌，打造行业高端展会。使唐山成为全球钢材、陶瓷等产业的投资商、生产商、贸易商和终端客户之间交流与合作的重要会展城市。三是鼓励企业主动走出去宣传推介，多举措为企业创造条件参加国内外知名行业展会。

3. 鼓励和推动外贸新业态、新模式

将发展跨境电子商务新业态、创新国际贸易新模式作为未来推动外贸发展的重要抓手。一是深化行业对外贸新业态和新模式的认知与理

解，提高企业开展相关业务的积极性。以专项培训、业内专家面授交流等方式加大对传统外贸业务员的培训力度，提升外贸企业及有意向内贸企业对跨境电商、阿里巴巴一达通业务和市场采购贸易的认知程度。二是促进跨境电商、外贸自主品牌建设工作的开展。目前正在着手组织第二批跨境电商示范主体、第三批河北省外贸品牌优势企业认定工作。三是推动特色产品海外仓库建设，促进钢铁、陶瓷、农具等特色产品出口贸易。促进钢铁、陶瓷、农具等特色产品出口企业赴境外建设集仓储、展示、销售为一体的海外仓储项目。

4. 推进出口产品质量安全示范区建设，促进外贸转型升级

积极创建国家级和省级出口产品质量安全示范区，形成以技术、品牌、质量和服务为核心的出口竞争新优势，不断提升出口企业的创新能力和出口产品的质量效益。为支持示范基地检验检疫平台能力提升，“唐山市口岸发展资金”拨付 268 万元用于检验检疫平台仪器设备购置。通过政策和资金支持，优先建设了陶瓷、农具、食品、蔬菜、线缆等特色产品出口示范基地。

（三）加快通关改革，提高通关速度，优化监管服务

1. 推动国际贸易“单一窗口”工作，进一步优化营商环境

在唐山市口岸办牵头，各驻唐口岸查验单位配合下，加强工作衔接、优化通关流程，积极推进关检合作一次申报、一次查验、一次放行的“三个一”模式。海关系统和出入境检验检疫系统签订了《关检合作三个一》协议，减少了重复作业，提高了申报效率，降低了企业通关成本，将通关时间缩短 1/3。2017 年 3 月 17 日，河北首单运用国际贸易“单一窗口”申报的报关单在唐山海关申报成功。目前，唐山海关通过平台业务培训对企业进行注册指导，国际贸易“单一窗口”正在全市推广应用；加强京津冀通关一体化，统一和提升京津冀地区贸易便利化水平，在国际贸易单一窗口、进出口企业诚信管理等方面实现政

策措施相对一致和有机结合。

2. 提升海关特殊监管区建设水平

进一步发挥曹妃甸综合保税区的区位、港口、政策优势，着力释放国际贸易、出口加工、创新引领、口岸服务、协同发展五大功能，全力促进进出口；以京唐港区保税物流中心项目为依托，深度开发保税仓储、转口贸易、出口退税、国际配送、集装箱服务等方面业务，丰富港口功能；在具体业务开展中，创新监管模式，开展矿石保税混配交易，有效拓宽唐山港的铁矿石贸易格局，支持唐山港整车口岸建设，指导完善进口整车指定口岸检验检疫基础和监管设施建设，加大对新澳肉牛屠宰加工项目的支持和指导，确保新澳进境澳大利亚屠宰牛项目口岸及配套隔离场和屠宰场符合相关要求。

3. 创新外贸新业态监管模式

对跨境电商进出口商品采取“以质量安全为底线、风险监控为核心、清单管理和质量安全追溯”为基础的检验监管模式，对跨境电子商务经营主体及商品实施备案管理。出口商品集中申报、集中办理放行手续，进口商品集中申报、核查放行，实现“前期备案、提前监管、后期跟踪、质量监控”的过程管理。

（四）推进外汇管理改革，拓展银行外汇服务功能

1. 推进外汇管理改革，促进贸易便利化

2016 年 5 月以来，人行唐山市中心支行积极推进外汇管理改革，支持和便利进出口企业正常合理用汇，服务贸易便利化。切实落实 A 类企业贸易外汇收入暂不进入出口收入待核查账户，可直接进入经常项目外汇账户或结汇的改革措施，简化企业收汇和结汇手续，降低收结汇资金成本，提高企业资金使用效率，同时减少银行业务操作环节，进一步促进贸易便利化。此项改革措施惠及唐山市 99.5% 的进出口企业。

2. 支持出口企业扩大贸易信贷规模及对境外资金的融通使用

对有订单、有效益的重点企业在确保贸易真实性的基础上，充分利用现行贸易信贷外汇管理政策，帮助企业以内保外贷、预收货款等方式对境外资金融通使用。

3. 拓展金融产品，服务外贸企业防范汇率风险

鼓励唐山市银行机构开展远期结售汇、人民币对外汇掉期、人民币对外汇期权等业务，加大对人民币与外汇衍生产品向外贸企业宣传、解读、推介的力度，帮助企业积极防范汇率风险。

（五）拓宽融资渠道，简化融资手续，缓解融资困境

适应外贸企业的融资需求，扩大基于外贸订单、保单、应收账款、仓单质押等抵质押融资规模；拓展“内保外贷”等跨境融资渠道，由金融机构为企业提供跨境外汇担保，帮助企业获得境外低成本贷款，缓解境内生产企业的融资困难；完善国内外汇贷款管理，改进非居民账户管理，放宽结汇限制，如放宽内保外贷项下资金回流限制。

（六）推动出口风险保障政策，解决企业后顾之忧

扩大政策性出口信用保险覆盖范围，重点关注抗风险能力差的小微企业。落实河北省出口风险政策，建立小微企业出口风险保障机制，采取培训、一对一辅导、电话跟踪随访等多种形式及时跟进出口企业状况，推进河北省出口300万美元以下小微企业及农产品出口企业风险保障政策。

设立市级出口信用保险扶持发展资金，对投保出口信用保险企业给予保费优惠，保障出口企业的海外权益和外经贸稳定增长。

为企业开展海外经营合作活动提供政策性风险保障，对大型国际工程承包、海外投资、国际产能合作等项目进行风险承保，带动大型成套设备出口和外贸出口升级。

三、取得成效

（一）外贸产业转型升级持续推进，成效初现

近两年，唐山市外贸产业处于转型升级爬坡期和新旧外贸发展动能交替期，转方式、调结构稳步推进。

1. 民营企业为主的市场主体结构稳定巩固

民营企业是唐山外贸出口的主导力量，占整个出口额的2/3左右，远高于国有企业和三资企业。民营企业机制灵活，市场嗅觉敏感，创新能力强，能够很好地把握市场，在唐山市外贸产业转方式、调结构中发挥着不可替代的积极作用：近年兴起的跨境电子商务、综合外贸服务企业、市场采购等新型外贸模式，主体都是民营企业。民营企业在唐山市高新技术产品出口中占据绝对的优势地位。2017年上半年，民营企业机电产品出口总额26131万美元，在全市占比56.19%，累计出口金额超过500万美元的民营企业5家（海泰新能、华通线缆、同方国芯、杭萧钢构和来源金属），累计出口金额同比增长均超过30%。

2. 出口产品结构调整优化，高新技术产品在出口中占比稳步提升

2014年、2015年、2016年、2017年1—7月，机电产品出口占出口额的比重分别为9.1%、10.8%、10.7%和17.3%，已经成为唐山市第二大出口产品品类。2017年上半年，机电产品出口46507万美元，同比增长23.83%，高于全市外贸出口增幅7.37个百分点。机电产品出口全球6大洲140多个国家和地区，出口超过100万美元的国家和地区达46个。

3. 新型贸易业态成为贸易发展的新动力

目前，唐山市已有4家企业被认定为河北省跨境电商示范主体，曹

妃甸综保区与河南保税集团、深圳品质宝供应链公司达成协议或合作意向，共同开展跨境电商业务；在海外仓建设方面也取得突破，与乌拉圭、迪拜等地达成了海外仓项目合作意向。

4. 出口地区不断拓展和延伸

唐山是“一带一路”的节点城市，国家“一带一路”倡议的深入推进，为出口企业带来了新的发展空间。钢材等优势产品在沿线国家和地区的出口量逐年增长。以河钢唐钢为例，产品已经出口到沿线 20 多个国家。其他产业，卫生陶瓷、装备制造、食品等依托国家级和省级出口示范区建设，也正着力拓展沿线新兴市场。

（二）港口运营综合效益提高

1. 港口规模迅速扩大

“十二五”期间，累计投资 150 多亿元，建成了 10 万 ~ 25 万吨级深水专业化泊位 10 个，新增年设计通过能力近 1 亿吨、集装箱 90 万标箱。2016 年投资 20 亿元，启动实施了三港池集装箱化改造、四港池通用散货泊位、25 万吨级航道等一批立港兴港的大项目，“十三五”时期全港转型升级、跨越发展的大基础、大框架已经形成。

2. 港口运量跨越增长

2016 年，全港货物吞吐量完成 2. 71 亿吨，居河北港口第 1 位、全国第 9 位；集装箱运量突破 150 万标箱，同比增长 34. 8%，占河北港口总量的一半，增幅居全国第 1 位，跻身世界集装箱百强港口。2017 年 1—7 月，全港完成吞吐量 1. 71 亿吨，同比增长 17. 1%；集装箱完成 101. 5 万标箱，同比增长 36. 2%，比 2016 年提前两个月突破 100 万标箱；外贸吞吐量 8057 万吨，同比增长 6. 7%。

3. 经济效益持续提升

2016 年，唐山港实现营业收入 56. 26 亿元，同比增长 9. 1%，利润总额 16. 58 亿元，同比增长 3. 99%，净利润 13. 2 亿元，同比增长

10.04%，资产收益率达12.16%。在全国17家A股上市港口企业中，公司净利润排名第3位，仅次于上海港、宁波港；净资产收益率排名第1位。

4. 企业管理成效显著

深入推进与国际接轨的管理体系，企业管理精细化、信息化水平不断提升，获得河北省政府质量奖。2016年以来，获得实用新型专利37项、软件著作权6项，发明专利实现了零突破。公司智慧港口建设成功入选交通运输部智慧港口示范工程，“唐山港车辆智能作业一体化管理系统”入选国家示范项目，集装箱自动化系统、“港通天下”电商平台入选省互联网+智能制造跟踪项目库。

5. 物流网络体系更加完善

唐山港已开通国际航线132条，可通达70余个国家和地区的150余个主要港口，形成了较为完善的物流网络体系。2016年唐山港集团的“东部沿海—京津冀—西北”通道集装箱海铁公多式联运项目入选国家首批多式联运示范工程，该项目利用西北能源外运及出海通道和南北沿海物流通道两条国家级物流大通道，服务京津冀、西北、东部沿海及日韩、蒙古国、中亚等境内外四大区域，实现外贸进出口货物、过境货物与京津冀、西北地区集装箱空重箱的科学调配，实现重去重回。

内陆港建设实现突破。2016年11月在二连浩特、包头、晋中等地挂牌成立唐山港内陆港。2017年将在新疆、甘肃、宁夏等西北地区新建5个内陆港，为唐山发展港口物流、外贸业务、保税仓储形成强劲支撑。

（三）外贸促进体系不断完善，带动外贸提质增效

1. 出口示范基地项目提升行业质量管理水平，带动出口

目前，唐山共有滦南农具和遵化食品等2个国家级出口示范区，唐山陶瓷、玉田蔬菜、华通线缆等7个省级出口示范区。计划2017年增

创3个国家级出口示范基地。为支持示范基地检验检疫平台能力提升，“唐山市口岸发展资金”拨付268万元用于购置检验检疫仪器设备。这些示范基地的成功创建、检验检疫平台的建设，极大提升了示范基地内企业的质量管理水平，促进了陶瓷、食品、蔬菜、农具、线缆等特色产品的出口。

2011年商务部将唐山卫生陶瓷基地列为首批“国家外贸转型升级示范基地”，对推动唐山市卫生陶瓷产业的外贸转型和产业结构调整带动效果显著。目前，唐山卫生陶瓷在120多个国家和地区进行了商标注册，通过国际认证46项、申请专利276项，拥有国家级技术认定中心1所，省级2所，博士后工作站1所。惠达、梦牌、中陶等企业在北京和上海建有设计研发中心，通过不断地设计和研发，提升产品附加值。唐山卫生陶瓷产业已开发了系列中高档200多个品种，形成了链条完善、产品多元化的产业格局。

2. 国内外互联互通渠道更加顺畅

会展平台成为唐山外贸增长的重要推动力量。2016年唐山世界园艺博览会、第三次中国—中东欧国家地方领导人会议、中国—拉美企业家高峰会、唐山中国陶瓷博览会、中国唐山国际钢铁冶金工业博览会、中国（唐山）国际健身休闲产业博览会、全国图书交易博览会、河北省教育装备展示会等国内外知名展会的成功承办，集聚了大量商流、物流、人流、资金流和信息流。

2016年以来，唐山市共举办会展活动90多个，国内外参观人数超过200万人次，会展业直接收入达到6亿多元，对经济拉动作用达到60多亿元。2016年唐山世界园艺博览会，半年时间接待游客数量达2103.01万人次，收入突破190亿元；中国—中东欧国家进出口商品展，共有150家境外客商和500家省内企业参会，达成合作意向90项，现场签约72项；第21届中国北方10省旅游交易会，共吸引37个国家和地区的700多家参展商，现场达成合作意向金额2.3亿元，观众8万人次，现场销售旅游产品550万元，意向金额1469万元；中国—拉美企业家高峰会上，中国（乐亭）拉美国家产业园正式签约，目前项目已全面启动，唐山市贸促会与哥伦比亚—中国投资和贸易委员会、乌拉圭21世纪委员会、乌拉圭—中国商会、墨西哥外贸、投资及技术委员会四家国外商协会组织签署了战略合作协议；陶瓷博览会、国际钢铁冶金工业博览会等行业展会已经成为国内相关企业同国外同行、上下游企业及社会各界交流信息的重要平台，在促进国内外投资商、生产商、贸易商、用户等之间的交流与合作发挥了重要作用。

3. 新型贸易方式加快发展

新业态、新模式是未来外贸发展的重要方向。通过各种方式强化了外贸行业对新业态和新模式的理解和认识。如分批次组织召开面向不同层面人员的全市跨境电商业务培训，对新型市场采购贸易模式进行讲解和介绍，参训人员达300多人；聘请阿里巴巴天津东丽区域经理、保定业务专员及保定索菲特公司销售经理为外贸企业详细讲解外贸新业态和新模式；2017年5月下旬，召开河北省（唐山）跨境电商海外仓业务培训，由省商务厅外贸处率专家团队对相关企业授课，参训企业近百家。

引进一批影响力大的电商平台企业，为外贸企业沟通、洽谈提供优质服务。2017年5月，曹妃甸综保区与全国最大的电商平台企业河南保税集团签订合作协议，打造跨境电商产业园，与深圳品质宝供应链公司达成合作，对接该公司的智能电商管理系统项目，拟采用“9610”模式正式开展跨境电商业务；特色产品海外仓库建设取得突破。2016年10月，借助中拉企业家峰会召开的契机，钢铁协会、陶瓷协会、钢锹协会与乌拉圭RAS集团签署了海外仓合作意向书。2017年上半年，组织中陶实业、津西国际贸易、华通线缆等一批企业赴阿联酋进行海外仓项目考察。期间，与迪拜杰贝阿里自贸区、拉斯海马自贸区管理机构就租用土地新建或租用自贸区标准厂房建设唐山特色产品海外仓项目达成了初步合作意向，与中国建材国际阿联酋公司就利用该公司现有仓储设施及销售平台进行唐山特色产品的储运、展示、销售事宜达成了合作意向。

（四）通关效率大幅提升，缩短企业贸易周期、降低交易成本

1. 全面推行通关作业无纸化改革

企业申报不再局限于关、检等部门的工作时间，节省了往来业务现场与监管场所的人力和时间成本。2017 年 1—6 月无纸化报关 4436 票，占比 99.08%，1—7 月无纸化报检 6261 批、涉及金额 36.99 亿美元，无纸化报检率达 99%；1—6 月，电子支付税单 1417 笔，占同期税单总数的 69%，年底有望达 90% 以上，大大缩短了征税货物从报关到放行的时间；出口退税流程进一步简化，实施出口退税数据联网传输并取消签发纸质证明联，由海关向国税联网传输出口报关单结关信息电子数据，企业结关后直接去国税办理退税手续，极大提高资金周转回笼速度。

2. 压缩通关时间“三分之一”取得实效，多个通关环节提速显著

提高待查验集装箱吊装、倒运和查验效率，平均每票货物查验时间缩短 1 小时；采取先期机检模式将机检查验环节前移到通关环节之前，平均每个集装箱查验时间缩短 10 分钟；样品送检方式由专人送检改为快递方式送检，送检化验时间压缩 20% 以上；2017 年 1—6 月，平均查验时间为 105 分钟，比 2016 年同期缩短 35%。

3. 推进企业高级认证和“经认证的经营者”（AEO）企业认证工作，使更多企业享受通关便利

指导更多外贸企业通过认证，享受国际海关 AEO 互认安排带来的制度性通关便利和较低查验率、便捷的通关待遇。1—6 月，辖区高级认证企业达到 16 家，一般认证企业 50 家。

4. 落实税收减免政策

积极支持企业重大技术装备、关键零部件、工艺优化、节能环保等紧缺技术、资源、产品进口。对唐山市重点项目，指派专人做好咨询工作，加快减免税项目备案及审批办理速度，确保企业充分享受国家税收优惠政策。1—6 月，减免税款 2570. 86 万元，同比增长 102%。

5. 特殊监管区的功能和政策优势凸显

曹妃甸综保区：2017 年底，曹妃甸综保区投资 10 亿元的进口商品体验中心和创新创业中心项目将完工并投入运营；保税仓库、恒温恒湿库、低温冷藏库、远通进出口加工及物流仓储等新开、续建项目施工建设。2017 年 5 月 28 日，整车进口口岸获批后，积极推进口岸配套设施建设，建设海关监管汽车专用堆场、汽车检测中心、高端汽车仓储库等设施，目前与河北鼎旺、庞大汽贸等 7 家企业签订协议，年内实现业务开展；对在综保区内注册、开展业务的企业提供优惠政策和资金支持。补贴省、市出口信用保费不足部分，使企业享受出口信用保费全额支持；成立外贸综合服务平台企业，正在与国税等部门结合研究退税流程，进一步缩短企业退税周期。与天津港合作，免费为区内企业提供至天津港外贸内支线服务，降低企业物流成本。

京唐港 B 型保税物流中心：京唐港 B 型保税物流中心共计投资 3. 4 亿元。项目以集装箱、钢铁、石材、食品等大宗商品货种进出口为切入点，大力发展保税仓储、出口退税、货物分拣分装、国际航运物资供应、集装箱拆拼箱、保税商品展示等业务。目前，香港万通、河北津西物流、唐山中免等 6 家大型企业正在进驻注册。封关运营后，预计年进出关处理量可达到钢材 200 万吨、集装箱 2 万标箱，实现利税 3000 万元以上。

（五）金融支持外贸稳定发展取得积极成效

1. 出口企业贸易信贷规模不断扩大

2016 年 5 月 1 日—2017 年 5 月 31 日，全市出口企业预收货款 12. 5 亿美元，占同期全部出口收汇的 17.6%。2016 年 9 月，唐山钢铁集团有限责任公司单笔预收出口钢材货款 6 亿美元，在带动企业出口增长的同时实现了对境外低成本资金的有效利用。

2. 银行和金融机构创新金融产品和服务，加大对外贸企业的支持力度

通过远期结售汇、人民币对外汇掉期、人民币对外汇期权等业务帮助涉外企业有效规避汇率风险。2016 年 5 月以来，唐山市外贸企业累计办理远期结汇 6.3 亿美元、远期售汇 4.9 亿美元，同比分别增长 81% 和 13%。积极推进人民币跨境结算增长，2016 年 5 月 1 日—2017 年 5 月 31 日，唐山市累计实现人民币跨境结算 39.2 亿元，同比增长 13.4%；中国信保河北分公司发挥便利融资功能，支持唐山市出口企业获得银行融资 735 万美元（5025 万人民币），增强了企业承接海外订单和项目的实施能力。

3. 推进服务贸易便利化

支持涉外服务贸易企业外汇收入存放境外，2016 年 5 月 1 日—2017 年 5 月 31 日累计为唐山市境外承包工程企业核准开立境外账户 10 个，核定限额 5088 万美元，有力支持了唐山市境外承包工程企业的发展。

4. 出口信用风险保障覆盖面扩大，风险保障体系更加健全

出口信用保险覆盖面扩大，除大中型出口企业外，为增强小微企业及农产品企业的出口接单能力，省商务厅拨付补助资金，对出口额 300 万美元以下小微企业及农产品出口企业保费全额支持。2016 年唐山市共落实省级出口信用保险扶持资金 532.12 万元；在省级出口风险保障政策的基础上，市级出口信用保险扶持发展资金对投保出口信用保险企业给予 20% 保费优惠。2017 年上半年中国信保河北分公司支持唐山市外贸出口金额 4.49 亿美元，同比增长 10.05%，一般贸易渗透率（承保额

占一般贸易出口额的比重）达 17.68%，服务支持出口企业 236 家，为出口企业支付赔款 22.54 万美元。

四、存在的主要问题与制约因素

（一）自身发展不足

1. 传统外贸产业转型升级压力巨大

作为传统资源大市，唐山市传统资源型外贸产业面临着资源环境危机与产业转型的双重压力，正在遭遇发展瓶颈的制约。一是大而不强的现实境况不容乐观。钢铁、陶瓷等大产业仍然无法摆脱国际产业链低端。经验表明，全球产业链中，生产制造和贸易环节只能获得国际贸易产业链 10% 的利润，另外 90% 的利润集中于研发、营销和零售环节。即便是惠达卫浴这样中国最大的陶瓷卫浴企业，打入美欧等发达国家市场仍然以贴牌方式为主。二是长期积累形成的同质化、无序竞争和单一的外贸经营模式降低了企业的抗压和抗风险能力。许多外贸企业仍然沿袭传统的运作模式，各自为战，以低端产品打价格战为手段抢夺市场，无序的企业发展模式导致了资源的低效运营和浪费。三是资源型产业转型的过渡期问题，在技术瓶颈、人力、基础设施转变无法一蹴而就的情况下，对高污染高耗能行业采取停产、限产等限制政策，企业融资利息高、贷款条件苛刻等困难局面无一不对转型期企业造成致命打击。

2. 市场因素和外部市场保护压力严峻

钢材是唐山市出口的主要产品，占出口总额的近 70%，左右着唐山市出口总体水平。近几年的国际钢材产能过剩、市场竞争激烈，对整体外贸出口影响巨大。一是国内外钢材价格倒挂。2016 年以来，国际钢材市场竞争激烈，国际国内价格倒挂，直接压缩了出口利润空间，一些大的生产企业或老牌出口企业，为了维持客户资源，仍然坚持给重点客户和重点市场供货，而新兴企业和小企业几乎不再出口。企业普遍反映，价格倒挂严重影响了开展外贸业务的积极性。二是国际贸易摩擦日益加剧。由于近年来国际钢材产能过剩，我国钢材出口的大幅增长，引发了国际上的反倾销浪潮，欧洲、美国、韩国、印度、越南、巴基斯坦等国已经或正在对我国钢材采取反倾销措施。国际上针对钢材的反倾销势头愈演愈烈，严重影响了唐山钢材出口。数据显示，2015 年唐山市对上述国家或地区出口近 20 亿美元，占钢材出口总额的 1/3。2016 年对上述国家或地区出口大幅下降至 15 亿美元，降幅远高于钢材出口总体下滑幅度。同时，卫生瓷、日用瓷、化工产品也面临着欧盟、土耳其、美国的贸易摩擦案件。

3. 软硬件条件的制约

相对于东南沿海地区，长期以来唐山的发展理念趋于保守，自主开放和自主创新机制、动力缺乏，在 12 个试点城市和区域中开放度排位靠后。此外，在营商软硬环境上，与国内其他主要城市比较，唐山仍然存在差距，特别是在金融环境、企业信用、政府行政效率等方面，这些因素将直接或间接阻碍贸易便利化的推进进程。

（二）政策层面制约因素

1. 对外贸企业的综合支持力度仍显不足

一是针对自主研发、自主品牌中小企业的支持政策少。扩大自主知识产权产品出口是提升出口产品质量，培育核心出口竞争优势，促进外贸增长方式转变的重要推动力量。目前，唐山市对自主研发和自主品牌走出去参与国际化竞争，除了商务部出台的中小企业发展支持政策和新产品研发中的少量补贴外，没有专门的海外推广支持方案帮助企业对外宣传、拓展销售渠道，在人才库、保险、财税等方面亦没有提供专门的支持。调研中，华通线缆、惠达卫浴等企业均表示，高昂的认证费用和冗长的认证过程给企业开拓海外中高端市场带来巨大压力。除了产品质量安全认证，还有对企业管理、环境影响、社会责任甚至反恐等方面的认证要求，认证程序不透明，手续烦琐，信息缺乏，验厂费用高，需要耗费大量的人力、财力、物力，仅惠达卫浴，每年要接待各种认证验厂就达 30 余次，牵涉企业很多精力。

二是风险保障机制不能全覆盖。企业海外经营中，风险的防范和规避极为重要。目前的商业保险和政策性信用风险保障机制不能完全覆盖企业出口过程中遇到的全部风险。一是不同区域的赔付比例不同，有些区域，出口信用保险的赔付率仅为 60% ~70%，远远低于西方发达国家 90% 赔付率，还有一些国家不在承保范围。二是异常汇率波动风险不在风险保障机制之列。在一些发展中国家，汇率出现的异常波动甚至是断崖式波动，可能导致企业遭受巨大损失，这也是企业开拓“一带一路”沿线市场不容忽视的一个风险源。

三是对外贸易服务保障体系和平台不完善。首先，相关信息系统不完善。东道国的投资环境、市场状况、文化习俗、法制规范、投资政策等方面的信息缺乏及时性、准确性、有效性，导致企业对外贸易活动完全依靠自身力量收集所需信息，成本高、难度大、信息可靠性差。其次，各类技术专业咨询服务不完善。尤其是为企业提供国际化、专业化服务的金融、信息、法律、财务、技术等专业服务机构严重不足。最后，没有政府主导搭建的风险预警平台。对于企业无力依靠自身力量获取的关于东道国的风险状况信息，如政治、经济、文化等风险事件、企业信用评级等情况无法及时追踪，导致企业决策不准确。

2. 顶层设计统筹规划问题

一是上下协调联动不足，不同区域间缺乏沟通，导致重复建设和浪费。虽然中央确定了各试点工作任务的重心，但缺乏上下协调联动，在不同试点区域间没有形成信息和资源共享机制，因此导致在一些具体改革领域和环节的重复建设和浪费。如电子口岸建设，目前全国各地区都在自主建设，但由于标准不统一，地区间无法有效对接，再如全国地方信用信息共享平台和企业信用信息平台系统无法实现信息共享，造成大量的资源浪费和行政效率低下。

二是许多改革没有实质性突破，只是浅尝辄止。一些新探索、新做法因为风险顾虑或与现有法律政策不一致被叫停。以借鉴自贸区、试验区经验为例，单纯的复制并不一定能够产生最佳效果。一则政策的复制需要有业态的支持，二则鉴于各地的产业特点和实践，很多政策不宜直接复制，需要融入地方元素，植入地方实践。再者，一些在试验区取得成功的经验，由于种种原因不能向地方推广。郑州跨境电商综合试验区保税1210进口监管模式成功运行，但在唐山和其他非试验区，却仍然采用9610监管模式。此外，政策的含金量亦有区别，唐山港整车进口的落地完税政策与天津港90天落地保税政策相比，单车成本提高3000～4000元。

五、发展思路

（一）加快贸易业态创新，培育外贸新增长点

产品和渠道都可以成为新的外贸增长点。化解过剩产能是唐山市的首要任务。在产业正处于转型升级爬坡的艰难时期，一味强调通过产业全面升级和高端产品带动贸易增长，短期内并不现实。改变传统的贸易模式，在渠道上做文章，加快贸易业态的创新，是更为贴合实际的外贸转型思路。事实上，以传统模式为主的外贸发展方式正面临着空前严峻的挑战和压力。传统外贸模式的空间正受到内外部因素的双重挤压。向外看，经济全球化、产业分工和融合深化、信息技术的飞速发展，全球价值链、世界无缝互联、大数据正在重塑国际贸易链条；向内看，唐山市面临着化解过剩产能压力，产业转型升级处于爬坡期。在内外大环境下，传统贸易模式的低效率，如销售方式单一、买家需求封闭、订单周期长、利润空间低等弊端一览无余，将逐渐被市场淘汰。通过创新外贸综合服务平台、跨境电商、海外仓等新型贸易业态，对传统贸易渠道进

行改造升级，是适应现代贸易竞争、提高贸易效率的重要手段。

一是大力推进跨境电商平台和产业集群发展，支持重点企业做大做强。尽快实现关检等部门与电商、支付、物流等企业的业务协同和数据共享，健全电子支付管理体系，加快发展跨境电商物流服务，推动跨境电商产业集群发展，支持区域内重点跨境电商企业做大做强，提升跨境电商对外合作水平。二是打造为中小外贸企业服务的外贸综合服务平台，整合融资、通关、退税、物流、保险等外贸环节服务，降低企业成本，提高质量效益。三是支持企业建设，利用境外仓储物流网络，深挖产业链，开拓线上线下结合的海外营销渠道。重点鼓励、支持企业建设公共海外仓。除了物流仓储功能，在展示推广、售后服务、信息收集、海外维权等方面为外贸企业提供境外综合服务。

（二）加大对外贸企业的综合支持力度

1. 完善风险防范机制

联合相关政府部门、金融机构、行业组织和企业等构建风险防范机制，完善事前、事中与事后的预警、协调和善后，为企业到这些地方进行投资、贸易活动提供准确和有价值的参考与帮助。如，构建风险信息发布平台和搭建企业信用平台，定期发布相关国家的风险评级，及时追踪突发的政治、经济、文化等风险事件，及时发布重点国家企业信用评级等信息。

2. 加强贸易投资平台建设，完善贸易投资服务援助体系

加强海外贸易投资大数据建设，为企业提供各类相关资讯服务支持；加快发展金融保险、信息服务及相关法律、财务、技术等咨询服务机构，为企业“走出去”提供国际化、专业化服务；发挥各级商会、贸促会、行业协会及中介服务机构作用。尤其要发挥好驻外使领馆作用，完善政府预警援助机制。利用政府外交渠道为企业协调东道国关系和事务、提供各类资讯服务。增强驻外使领馆的应急处置能力，协调当

地商会、侨团等组织力量，完善经贸争端和突发事件处置工作机制，畅通企业海外维权投诉和救助渠道，切实维护企业合法权益。

（三）培育自主出口品牌

创新是引领发展的第一动力，应大力支持出口企业的产品设计、研发和品牌打造。强化对知识产权的创造、保护和运用。

1. 鼓励自主出口品牌产品开发

大力推进自主出口品牌建设，设立专项基金支持自主出口品牌企业在产品设计、研发和打造品牌方面的投入。对自主出口品牌企业的技术创新和技术改造项目予以资金和政策支持，并鼓励企业成立技术研发中心。协助企业获取相关质量管理体系、环境管理体系、社会责任体系等国际标准和行业资格认证。

2. 加大自主出口品牌推广力度

充分发挥各类宣传媒体作用，宣传推介品牌，加强对重点自主出口品牌在质量、信誉和知识产权保护等领域的宣传力度，不断提高其国际知名度；提高公共信息服务水平，提供及时准确的国际市场信息，帮助企业开拓国际市场；借助和发挥驻外商经贸机构作用，为自主出口品牌企业提供更多贸易投资和对外交流合作机会，提高品牌国际知名度；帮助自主出口品牌企业进入国内外各类专业展会的品牌展示区，区域内展会摊位分配向自主出口品牌产品和企业倾斜。支持重点企业参加国际知名展会，对企业展位费用给予补助。

（四）促进外经外贸联动发展、融合发展

外经对外贸具有强大的拉动能力。对外承包工程、对外直接投资是货物、技术、人员和服务贸易的综合载体。据世界银行的测算，跨国公司对外投资每增加 1 美元，可带动直接（含资本货物、半成品及原材料）出口 3 美元。

目前，唐山市已有钢铁、煤炭、建材、加工制造、农业开发、现代

服务等领域的100多家企业“走出去”开展境外投资合作，遍布世界60多个国家和地区。通过政策的引导和扶持，以外经企业整合全市进出口资源，带动本土上下游企业联袂走向国际市场，可以极大提高对外承包工程和对外直接投资项目对出口的带动能力。一是推动外经外贸对接交流平台建设。推动以项目为核心的上下游企业联合，组织外经企业与区域内设备、零部件、原材料、技术和生活物资供应企业进行对接；二是建立完善的政策促进体系，调动外贸企业积极性，对采购区域内产品出口金额较大的外经企业给予包括信贷、保险、财政等方面的资助，对关、检、商务等部门提供产品出口的必要帮助和便利。

六、典型案例

（一）惠达卫浴——质量效益导向型外贸出口举措

惠达卫浴创立于1982年，迄今已有35年的历史，是中国历史最悠久的卫浴企业之一，是国内规模最大、产品最全、卫浴全配套的大型企业集团，公司和技术中心分别被授予国家住宅产业化基地企业、国家认定企业技术中心称号。

1. 出口概况

30多年来，惠达积极进行产品战略调整，摆脱一直以来的单一陶瓷坐便生产，将产品线逐步延伸至智能卫浴、浴室五金、浴室家具、浴缸、浴房、瓷砖等全系列产品制造；从固定资产28万元、65名职工的小陶瓷厂发展到拥有固定资产17亿元，员工近万人、年产超过1000万件的集团企业。产品累计出口100多个国家和地区，出口主要区域包括美国、加拿大、欧洲、中东、南亚、东亚等。为了进一步开拓市场，惠达先后在马来西亚建立分公司、在印度设立代表处，带动和辐射当地及周边市场。下一步企业将非洲和南美洲作为重点开拓区域。

表 2-1　2014—2016 年惠达卫浴出口额

序号	年份	出口额（亿美元）	备注
1	2014	1.0711	
2	2015	1.2792	
3	2016	1.0972	减少 OEM 订单，支持自有品牌发展

注：为了更好地打造海外品牌，2016 年惠达逐步减少 OEM 客户订单，转至支持自有品牌客户的发展，同时对现有客户进行了梳理，对于一些销量较少且订单分散、耗费产能较大的客户进行了筛选和淘汰，所以 2016 年销售相比上年有所减少。

2. 质量效益导向型出口的措施及取得成效

面对日益严峻的市场竞争，惠达坚持质量效益为出口导向，积极探索转型、创新升级之道。

（1）惠达的转型之道

惠达的转型可以分为三个阶段：

第一次转型是在 1997 年开始实行企业改制，成立了由集体、外资和个人三方持股的“唐山惠达陶瓷（集团）股份有限公司”。股份制改造激发了企业活力，取得了显著成效。改制后的第一年产量大幅增长 81%。

第二次转型是在 1998 年到 2011 年间。主要采取了三项举措。一是实现企业的二次转制，从原来的混合所有制过渡到民营体制。二是扩充产业链，使惠达从卫浴企业转为综合家居企业的转型。2011 年初，惠达国际家居园的开业并投产，标志这一转型取得重大进展。该项目总投资 6.5 亿元，是目前亚太地区最大的卫浴家居生产基地。三是从出口导向转变为内外并举。进入 21 世纪，惠达全面发力国际市场，出口额最多占总销售额的 70% 以上。2008 年开始全球金融危机的爆发导致全球经济普遍低迷不振，2009 年惠达开始进行战略调整，将战略重心向国内市场倾斜，内外并举。

第三次转型是始于 2012 年的战略进取型转型。在惠达成立 30 周年之际，企业基于对未来行业发展方向的判断，调整发展思路，开始逐渐从传统的生产企业向品牌商和服务商转型。这一战略是惠达未来 30 年努力的方向。

（2）惠达的创新升级之道

第一是产品设计和研发升级。2010 年惠达与国内外研发机构和设计师合作，成立了北京唐恩产品设计研发中心、惠达东亚设计中心和日本研发中心；2012 年开始和意大利、德国的多位设计师进行设计合作；2015 年又在北京建立了新的设计中心。这些研发设计中心的作品在很多顶尖国际卫浴展中受到业内的一致好评。仅 2013 年就开发新产品 397 种，其中自主设计 216 种，占 54%。很多产品一经面世即受到好评。具有强烈时代感 UP 系列设计，荣获第 114 届广交会设计奖（CF 奖）和意大利 A Design 白金奖。自主研发的喷射虹吸式 4.8 升水坐便器、3.5 升水全包连体坐便器等项目，通过优化水道结构，改进水箱内部设计，加大冲水力度，达到有效节水的目的，获卫浴行业科技进步奖，受到国内外客户赞誉，彰显了惠达强大的制造能力。

惠达在生产、原料、制作、工艺设备改造和产品性能方面都有自己的核心、独创技术，其研发队伍也练就了持续改进产品设计和功能的能力。通过近几年的引进和培养，目前全公司已拥有 300 多人的研发与科技队伍，国内外技术领先和具有知识产权的产品 100 多种。近几年，每年投入研发经费都达 8000 万元以上。

在技术改造方面成绩突出。一是创新生产工艺、自主和制作研发具有国内外先进水平的工艺设备，卫生洁具高压注浆成型技术及装备开发、利用热风炉替代燃煤低效锅炉等科研项目多次受到建材行业以及省、市主管单位的奖励。二是自主研发新材料有重大突破。公司承担的“精陶质卫生陶瓷坯体配方开发及其制品的研制”项目，是河北省科技支撑计划项目（编号 11215107D）。该项目全部应用国产原料，独立开发精陶质卫生陶瓷生产技术，具有完全自主知识产权，成功打破了国外的技术垄断与原料垄断，取得了显著的社会经济效益，经省级鉴定总体技术达到国际先进水平，获得河北省科技进步二等奖；3/4.5 升水双档全包连体坐便器成功推向市场，达到国家一级节水产品的要求；智能马桶 HDE1116 荣获河北省工业设计银奖；在中国建筑装饰协会坐便器、厨卫水龙头产品评比活动中，荣获“金马桶”和“金龙头”大奖；高压连体座便器生产线、卫生瓷坯体自动输送机立体存储、卫生瓷坯体减薄 3 个项目获得中国建筑卫生陶瓷行业技术类创新二等奖，充分体现了企业的创新实力。

第二是品牌升级。通过创新营销管理，全面提升品牌形象。惠达初期的成长与 OEM 加工的不断增加密切相关。面对严峻的国内外市场形势，企业意识到 OEM 方式无法实现真正的做大做强，由此开始了由单一 OEM 加工到品牌海外拓展的历程。在拓展国际市场方面，借力国家“一带一路”倡议，建立海外运营中心，加速新兴市场开拓。2014 年底，建立了惠达马来西亚运营中心，辐射整个东南亚市场，这是企业“走出去”的关键一步。2015 年 2 月，与印度客户合作成立印度分公司，建成 2000 多平方米的惠达印度旗舰店，无论是店面装修还是产品档次，在当地市场上都是首屈一指。在公司的长远规划中，企业将在中东、澳大利亚、非洲设立运营中心以更好地发展海外业务。随着惠达品牌影响力在海外的不断扩大和品牌的升级，企业在国际市场也拥有了更大的自主权和话语权。

第三是产品结构调整和产业链升级。目前惠达已经形成了完整的卫浴家居产业链条，企业由原来的单一卫生陶瓷生产商，转变为综合家居方案提供商和解决商。产品涵盖卫浴、五金、浴室家具、浴缸浴房、不锈钢水槽、智能电子卫浴、专业配套便盖水件等多种产品，使惠达成为行业中少数的全产业链的企业。

（二）曹妃甸综合保税区——以产业培育和贸易业态创新促进外贸出口质量效益提升

1. 保税区基本情况

曹妃甸综合保税区位于曹妃甸区的中心位置，于 2012 年 7 月 23

日获得国务院批准设立，是河北省首家综合保税区，总体规划面积9.1平方公里，其中海关特殊监管区域面积4.59平方公里，实行封闭管理，配套岸线3.3公里，可建设11个5万~7万吨级泊位。保税区以保税仓储、国际中转、国际配送、国际采购、转口贸易、研发设计、出口加工、商品展示、检测维修、港航服务十大功能为依托，具有免税、保税、入区退税、存储无限制、免台账、免检、结汇便利、集中报关、费用减免等特殊优惠政策。截至2017年8月底，园区实现进出口额约9700万美元，新注册企业96家，完成固定资产投资27亿元。

2. *发展举措和取得成效*

一是开展项目攻坚和产业培育。①推进项目建设。着力释放国际贸易功能，打造完善配套设施，投资30余亿元，建有创新创业中心、进口商品体验中心、保温冷藏仓储物流、仓储物流加工等重点项目设施，同步推进远通进出口加工及物流仓储等6个新开、续建项目施工建设。②加快项目落地。重点推进集进口商品展览展示、消费体验、物流贸易为一体的贸易物流中心项目，完善各项手续，尽快开工建设。2017年5月，与台湾二维电器、江苏康旭集热系统、中非产业园等项目签约，土地招拍挂手续和项目方案设计正在同步进行。③培育支柱企业。围绕曹妃甸区“一区六基地”发展思路，规划1平方千米作为专属出口加工区，重点发展装备制造、电子信息、精品钢材出口加工等产业链长、附加值高的项目，加大对外资企业和出口型企业的招引。当前，重点推进投资25亿元的台湾二维电器、投资1.32亿元的加拿大碧玉加工仓储基地项目等。

二是贸易回归和业态创新。①整车进口业务。整车进口口岸于2017年5月28日获国务院批复，目前重点是加快口岸配套设施建设，建设海关监管汽车专用堆场、汽车检测中心、高端汽车仓储库等设施，尽快通过口岸验收。目前已经与河北鼎旺、庞大汽贸等7家企业签订协议，制定了运营计划，确保年内实现业务开展。②贸易企业回归。以企业需求为导向，围绕效率和成本，一是拟设立出口退税资金池。一期总规模1亿元，进一步缩短企业退税周期，使企业真正享受“货物入区视同出口即可拿到退税”的政策。二是挖掘本地企业潜力。将唐山地区的陶瓷企业出口业务和三友集团的木浆进口等业务转到综保区，吸引钢材出口、海产品出口和装备制造、机电产品进口等业务入区开展。三是企业信用保险补贴支持。在综保区注册并通过园区出口的企业，除享受省、市提供的出口信用保费支持外，补贴企业剩余部分，使企业享受缴纳出口信用保费最高100%的资金支持。四是内支航线免费运输。与天津港合作，免费为综保区企业提供至天津港外贸内支线服务，降低企业物流成本。已经与新鹰卫浴、海丰瓷业2家企业签订合作协议，冷链物流和大数据产业相关业务已经开展，与北京首都农业集团就粮食、肉类等进出口业务达成初步意向。③发展跨境电商业务。2017年5月与全国最大的电商平台企业河南保税集团签订合作协议，打造跨境电商产业园；与商务部5家试点电商出口企业之一的大龙网签约，引进京东国际、聚美优品、当当网等至少3家国内知名电企入驻。与深圳品质宝供应链公司达成合作，品质宝电商综合服务平台项目各项资质备案已完毕，电子口岸客户端系统完成安装，正与省电子口岸进行数据开发测试，O2O体验店亦已开工。

三是进一步补齐配套设施和政策短板。①配套港口通航。港口通航是综保区贸易发展的基础，目前综保区1#、2#通用泊位已经通航，8月份已通过市级对外开放预验收，近期完成省级对外开放验收。与天津港集团研究制定了开通外贸内支线方案，拟定每周2个班次，目前正测算具体的船舶运营成本，待开放验收工作完成后开通至天津港外贸内支线。②口岸资质申报。粮食和种苗口岸可研方案由曹金控、文丰码头负责完成，正与水果口岸可研方案一并征询区检验检疫部门意见，同步加紧编制口岸配套设施规划建设方案。冰鲜水产品和冻品口岸与肉类口岸共用检疫检测设施，通过省检验检疫验收后即可列入国家口岸目录。③促进区域协同发展。加强与北京央企、京企以及天竺综保区、平谷马坊物流基地等园区的合作，发挥北京外贸企业进出海口作用。实现与天津的协同发展，推进“飞地”政策共享，推动天津东疆商品直销中心、津葡服务中心尽快落地综保区，依托贸易物流中心和进口商品体验中心项目，建设各类进口商品主题馆，加快与津澳国际、东疆国际贸易等企业的合作。

（执笔人：谢兰兰）

专题三

探索推进国际投资合作新方式

近年来，唐山市准确把握对外开放新要求和经济新常态特征，贯彻落实国家“一带一路”倡议和“走出去”战略，将推动国际产能和装备制造合作作为提高对外开放水平、拓展国际发展空间、推动产业升级、促进创新发展的一项重大战略任务，多措并举，强力推动，对外投资与国际产能合作实现了跨越式发展。

一、发展现状

近年来，唐山市对外投资总量规模稳步扩大。截至2017年6月底，唐山市企业累计核准、备案境外投资项目136个，中方投资额近20亿美元。尤其是2016年商务部开放型经济新体制试点工作在唐山市开展以来，唐山市对外国际产能合作快速发展，累计备案对外投资项目12个，对外投资额2.52亿美元；新增对外承包工程企业2家，完成对外承包工程营业额3.78亿美元，新签对外承包工程合同额22亿美元，同比增长212%。具体有以下特点。

（一）投资国别广

唐山市企业境外投资项目多集中在政治环境、法制环境、市场前景好的国家和地区，遍布美国、德国、俄罗斯、南非和中国香港等60多个国家和地区，其中香港地区投资项目约占项目总数的30%。近年来，随着我国政府倡导的“一带一路”建设不断推进，唐山市对非洲、中东欧地区投资日趋活跃。

（二）投资领域宽

截至2017年6月底，唐山市已有100多家企业“走出去”开展境外投资与产能合作，涉及钢铁、水泥、煤炭、陶瓷、线缆、加工制造、农业开发、现代服务等领域。较为典型的有唐钢集团、唐山市杭萧钢构（河北）建设有限公司开展的钢铁产能合作，冀东发展集团开展的水泥产能合作，唐山开滦建设（集团）有限责任公司承担的境外矿井项目，华通线缆集团投资的电缆生产项目等。

（三）投资方式多样

唐山市企业开展对外投资与国际产能合作方式多样，主要包括海外并购、投资建厂、合资合作、运营管理、承包工程等方式。比如，河钢集团以收购方式接手塞尔维亚斯梅代雷沃钢厂。华通线缆集团主要采取建厂方式，在坦桑尼亚、赞比亚、喀麦隆等多个国家投资新建项目，开展电力设备及电缆的生产、销售和国际贸易等业务。唐山冶金锯片在德国、法国等地主要采取合资方式开展合作和开拓市场。唐山市杭萧钢构（河北）建设有限公司通过工程承包，先后在新加坡、马来西亚承担年安装7000吨建筑钢结构产品工程项目和年安装10000吨建筑钢结构产品工程项目。

（四）推进了一批典型项目

唐山市坚持以项目作为对外投资和国际产能合作的重要抓手，建立了动态的重点项目库，对重大项目给予重点支持和跟踪服务，取得了一些成功案例。河钢集团塞尔维亚斯梅代雷沃钢厂项目，于2016年6月底完成资产交割，由唐钢集团负责运营管理，通过资产重组、技改投入、生产工艺改造和产品结构调整，不到一年时间实现扭亏。冀东发展集团联合中非基金与南非妇女基金合资在南非建设的年产100万吨水泥项目于2015年10月建成投产，冀东集团既是投资人，也是项目的总承包商，带动成套装备出口3.28亿元，管理人员、熟练工人劳务输出

1000余名。河北文丰实业集团在智利设立合资子公司，一期日选5000吨铁矿石、年产150万吨铁精粉项目建成投产。唐山冶金锯片有限公司并购美国汉武冶金技术咨询公司在宾州投资的冶金锯片市场、销售、修复及技术研发项目也已建成。一批国际产能合作项目正在积极推进之中。华通线缆集团有限公司坦桑尼亚线缆制造项目，项目总投资400万美元，建成后年产值可达3000万美元。河北毕氏集团巴基斯坦瓜达尔热电及钢铁项目、冀东发展集团赞比亚水泥项目、神鹰科技匈牙利彩涂板生产线项目等稳步推进。

（五）建立境外产业园区

建设境外经贸合作区，是唐山市传统产业和优势产能对外国际合作的一大特色。目前，唐山市正在重点推进乌干达唐山姆巴莱工业园、华通线缆集团哈萨克斯坦卡拉干达州产业园及融通清科集团匈牙利现代仓储及物流中心项目。乌干达唐山姆巴莱工业园项目由唐山天唐集团开发建设、招商和运营管理，园区规划面积2.51平方公里，土地实行零地价，入园企业享受10年免税政策，具有较强的竞争优势。河北华通线缆集团哈萨克斯坦卡拉干达州产业园项目，由华通线缆集团投资建设，园区规划面积14.7公顷，规划产业主要为线缆制造、钢铁冶炼及上下游配套产业。融通清科集团匈牙利现代仓储及物流中心项目在匈牙利迈泽克韦什德市，由唐山融通清科科技企业孵化器有限公司开发建设，园区规划面积60公顷，以仓储、物流等产业为主。

二、做法与成效

唐山市在推进对外投资和国际产能合作工作中，坚持“企业主体，政府推动”原则，采取了一系列切合唐山产业实际、符合市场需求的措施，取得较好成效。

（一）发挥产业优势

唐山市钢铁、水泥、矿业、电力设备、农业等产业链配套完善，产能相对富余。以钢铁为例，2013 年之前，唐山市钢铁产能为 1.5 亿吨，实际产量保持在 1 亿吨左右，相当于美国同期一年的产量。这些产业制造能力强、技术水平成熟、国际市场有需求。根据这一特点，唐山市将钢铁、水泥、装备制造业等作为国际产能合作重点行业，积极加以引导。钢铁领域，由唐钢集团负责运营管理的河钢塞尔维亚斯梅代雷沃钢铁项目，仅用一年时间就实现扭亏。水泥领域，冀东发展集团联合中非基金与南非妇女基金合资在南非建设的年产 100 万吨水泥项目于 2015 年 10 月建成投产。矿业领域，唐山开滦建设（集团）有限责任公司在吉尔吉斯斯坦承担奥同克有限责任公司的左岸金矿新竖井井筒、井架安装工程及地表建安工程。其他领域，华通线缆集团在坦桑尼亚、赞比亚、喀麦隆等多个国家投资新建项目，开展电力设备及电缆的生产、销售和国际贸易等业务；唐山市鑫耀旺食用菌配置有限公司在韩国成立文龙林业株式会社，主要经营食用菌培植、销售及进出口业务。

（二）聚焦重点区域

唐山市对国际产能合作的区域选择，既注重与唐山市传统优势产业有较高的契合度，又注重对方有强烈的合作愿望，双方有较好的合作基础。唐山市为此开展了大量的前期摸底调查，对自身优势、定位、方向、目标和重点合作国别等方面形成了比较清晰的认识和判断，确立了将亚洲周边国家、非洲、中东欧和拉美部分国家作为重点合作区域。在此基础上开展了一系列信息交流、沟通互访、项目对接等推进工作，加强与国际产能合作重点国家的交流互动。通过地方政府间互访、建立友好交流城市、承办国际合作会议等多种形式，引导企业更多关注重点国家；邀请中东欧、非洲、东南亚、拉美等重点国家的驻华使节、商务机构来唐对接交流，介绍所在国投资环境、政策法规、重点合作领域和项目；举办“中东欧合作项目专题对接会”“捷克投资合作项目专场洽谈会”“河北企业走进非洲合作项目对接会”“德国勃兰登堡州合作项目对接会”等。通过这些高密度的交流对接活动，促成了一批合作项目。

（三）龙头企业引领

唐山市不仅重视政府的引导作用，也注重发挥企业的市场主体作用，结合自身发展需要和优势，以市场需求为导向，积极寻求境外合作机会。政府有关部门多次与钢铁、水泥、陶瓷、装备制造等行业的企业及协会座谈交流，了解和掌握行业企业“走出去”的愿望和诉求，保驾护航，协调解决有关困难，一批龙头企业在参与国际产能合作中成为行业排头兵。比如，冀东发展集团是中国水泥行业的龙头企业，在南非、蒙古国、赞比亚等国开展了水泥项目的产能合作。华通线缆集团在坦桑尼亚、赞比亚、喀麦隆等多个国家投资电力设备及电缆生产项目。唐山市杭萧钢构（河北）建设有限公司在新加坡承担年安装 7000 吨建筑钢结构产品工程项目，在马来西亚承担年安装 10000 吨建筑钢结构产品工程项目，这些项目由国内企业进行钢结构相关部件工程的设计、制造加工，在国外施工现场进行安装，有效带动了唐山市钢铁产能的对外合作。

（四）输出技术与管理

技术与管理位居国际产能合作价值链的高端。唐山市的国际产能合作从开始就抢占制高点，注重技术与运营管理的输出。2016 年，河钢集团收购塞尔维亚斯梅代雷沃钢厂后，河钢集团委托集团内的唐钢公司运营管理该企业。唐钢全面调动集团国内外各种优势资源，利用自身先进技术和管理，全力以赴推进项目各项工作，该钢厂生产经营、运行管理快速步入正轨，这是运营管理增效的成功典型。唐山冀东装备工程股份有限公司在蒙古国的水泥项目是技术与管理输出的又一案例。该公司与 MBM 公司签订额尔根水泥厂三年期运维协议和乌兰巴托 120t/h 粉磨站 EPC 项目，在工艺设计、设备备件供货、建筑安装、生产调试、维修服务、生产运营等方面，为蒙古国水泥和矿山开采提供全产业链的运营服务。

（五）形成政策合力

河北省政府先后出台了《关于进一步做好境外投资工作的实施意见》《河北省钢铁水泥玻璃等优势产业过剩产能境外转移工作推进方案》《关于加强与中东欧国家投资合作的支持意见》。在此基础上，唐山市研究制定了《唐山市人民政府关于加强与中东欧国家投资合作的实施意见》，在信息发布平台、培训、举办活动等各方面予以充分支持，为企业“走出去”参与国际产能合作营造良好环境，从省到市形成了政策的纵向联动。为开展好国际产能合作，唐山市专门成立了由市分管领导为组长，商务、发改、工信、外汇、金融等政府部门为成员单位的国际产能合作领导小组，建立联席会议协调机制，对企业“走出去”过程中遇到的困难和问题给予及时协调解决，在项目审批、政策研究、搭建信息平台、争取融资支持、加强风险防控等方面为企业境外投资项目提供全方位支持，横向上形成了政策集成的合力。

（六）专业服务支持

针对企业在国际产能合作中普遍存在的“不想走”“不敢走”“不会走”等问题，唐山市给予了大量的专业服务支持。在信息服务方面，利用传统媒体和新媒体开辟“走出去”信息收集渠道，定期编辑“走出去”专刊，集中发布对外投资政策和信息；与驻华国外商务机构、驻外使领馆经商处、华人社团、国外商会等机构建立有效沟通渠道和机制，快捷高效获取项目合作信息，解决企业对外合作不知道“往哪走”“怎么走”等问题。项目对接方面，多渠道开展对外联络工作，加强与国外境外商协会联系与合作。2016 年以来，唐山市共举办国内外会展活动 60 多个，促成一批合作项目深度对接。人才培训方面，根据企业不同层次的需求，聘请专业人士，分门别类组织业务和人才培训，学习鲜活经验，为企业国际化进程中人才队伍建设和培养提供保障。

（七）强化金融护航

唐山市建立了“政府、银行、保险加企业”的“3 +1”工作机制，为金融“跟出去”配套国际产能合作提供了机制保障。在这一机制下，唐山市相关金融机构在各项金融业务中积极为企业国际产能合作“暖心”服务。比如，为“走出去”企业争取信贷额度和政策支持，在贷款条件和利率上给予倾斜和优惠；通过企业事前约谈、银行窗口指导、政策培训等措施，鼓励引导涉外企业用汇采用跨境人民币方式对外进行贷款或投资，有效扩大跨境人民币使用规模；用好跨境外汇担保政策，在境内企业及个人提供跨境担保的前提下，境外关联企业及时获得贷款，帮助企业解决融资困难；对于有真实交易背景、有利于企业发展的重点购付汇项目给予充分便利和全力支持，有力支持企业顺利完成境外企业收购计划。

（八）完善风险防控

为帮助企业规避风险，提高企业在“走出去”过程中的风险防控能力，唐山市采取一系列措施完善风险防范。一是宏观风险防范。及时发布预警信息，与专业机构合作向企业推送境外投资合作相关的政经、产业、法律和风险预警动态信息。二是项目风险防控。指导企业充分做好前期调研，邀请已经“走出去”且取得较好效果的企业介绍境外投资项目推进、风险防范等经验，帮助企业制定科学合理的规避风险方案，提高项目成功率。三是金融风险防范。通过约谈、调研了解企业购付汇业务背景、需求，宣传解读外汇管理法规要点，提示企业对外投资违规风险点；鼓励信用保险机构积极推广和发展出口信用保险业务。四是加大对劳务企业监管力度。建立完善对外劳务合作境外纠纷、突发事件处置应急工作机制和风险防范预警工作体系，维护对外劳务合作经营秩序。唐山市致力于完善“走出去”的保障机制，全方位、多层次为唐山市企业的国际产能合作“减负添力，保驾护航”，发挥了国际产能合作对唐山市化解过剩产能、产业结构调整、优化出口结构的积极作用，实现了与东道国的互利共赢。具体体现在以下方面：

第一，有效化解富余产能。作为传统重工业资源型城市，在去产能、促转型的时代背景下，唐山市面临着结构调整、化解过剩产能、治理环境污染、稳定经济增长的多重压力，处于爬坡过坎的紧要关头。这些压力和挑战，不同程度为“走出去”创造了有利环境，增强了国际产能合作的内生动力。钢铁、水泥等优势产业“走出去”通过向境外转移产能，向境外延伸产业链，或是转产发展，成为化解过剩产能有效途径。2016 年 6 月河钢收购、7 月唐钢接管的塞尔维亚钢厂，在当年就成功实现了“三季度实现大幅减亏，四季度末实现盈利”的预定目标。自唐钢接管塞尔维亚钢厂至 2017 年 4 月底，已累计产铁 114 万吨，产钢 123 万吨。预计到“十三五”规划末，唐钢公司将实现 1000 万吨钢铁产能“走出去”的目标。目前，唐钢在老挝与印度尼西亚的钢铁项目正在稳步推进。神鹰科技在匈牙利合资建设 50 万吨彩涂板生产线项目，不断延伸产品上下游产业链，提高产品附加值，有效输出了国内产能。

第二，加快产业结构调整进程。唐山市企业通过参与国际产能合作，与国内产业结构调整联动性明显增强，提升了企业的竞争能力。河钢集团唐钢公司并购世界最大钢铁贸易商——瑞士德高国际贸易控股公司，实现在最短路径、最短时间内分享世界一流公司的技术、服务、人才和全球营销网络，提升企业跨国经营管理能力、人才队伍建设和产业结构转型升级。冀东发展集团在国内水泥产能过剩的压力下，制定海外发展战略，充分利用和整合集团各种资源，选择到原料资源丰富、市场潜力巨大的国家投资，既带动集团整体业务拓展，又为集团结构调整争取了时间和空间的回旋余地。唐山东海钢铁集团有限公司在中国香港投资 128.9 万美元从事国际贸易，实现自身产业转型。

第三，带动出口增长和优化出口结构效果突出。唐山市企业在国际产能合作中通过先进技术、管理输出，进一步带动产品和设备出口。中材建设通过在国外总承包水泥厂项目，2015 年、2016 年分别带动设备出口 2.33 亿美元和 1.82 亿美元，几乎占当年唐山市机电产品出口额的 25%。南非冀东水泥项目带动国内机电设备及材料出口达 4.5 亿元人民币。一些企业在境外建立销售公司，布局销售网点。唐山冶金锯片通过借助外方技术、品牌和营销网络开拓市场，其产品在欧洲市场占有率达到 13%。庞大汽贸集团股份有限公司先后在蒙古国、中国香港设立销售公司，通过选定重点区域建立销售网点，不断扩大产品覆盖范围，提高了国际市场占有率。

第四，实现与投资国互惠双赢。在参与国际产能合作中，唐山市政府引导企业严格执行东道国生态环境标准，履行社会责任，维护国家形象，实现互惠互利。习近平总书记见证的南非冀东水泥项目，为南非带去了最先进的节能环保技术，完全达到甚至优于南非标准。该项目为当地居民提供就业岗位 201 个，用工本地化达 74%。2016 年唐钢在塞尔维亚项目为当地解决 5400 个就业岗位，对当地社会稳定和经济发展起到重要作用。唐山姆巴莱工业园区建成后计划吸引入驻企业不低于 30 家，建设总投资不低于 6 亿美元，可为乌干达当地创造 1.2 万个以上就业岗位。

三、国际产能合作的经验比较

产能过剩是市场经济国家的常态，既有周期性因素，也有结构性因素。在不同历史时期、不同发展阶段，有关发达经济体及包括唐山市在内的各地方，通过对外投资化解国内过剩产能，形成了一些有效做法，取得了比较成功的经验，对我国稳步推进国际产能合作富有启迪。

（一）通过对外投资化解产能过剩需要有序稳步推进

作为制造业大国，“二战”以后，日本经历过多次周期性“产能过剩”，日本对产能过剩问题的解决所采取的一个主要方式，就是通过大规模海外投资，将国内制造业产能向海外转移，并取得比较成功的效果。由于产业发展阶段和全球市场需求等因素，各国产业推进国际产能合作面临不同条件。就部分产业而言，当前产能过剩是全球现象，盲目利用国际市场甚至可能加剧过剩。以钢铁行业为例，近年来全球钢铁行业陷入前所未有的困境，欧洲、亚洲及北美等地区的钢厂均举步维艰。根据国际钢协发布的数据及预测，2015 年全球钢材需求下降 3%，2016 年进一步下降 0.8%，2018 年全球钢铁需求增速将继续放缓。在这种背景下，全球都面临化解钢铁过剩产能的问题，并且预计不会很快发生转向。受国际市场产能普遍过剩、价格波动、市场需求等因素影响，制造业开展国际产能合作，要在短期内实现明显盈利，还存在较大压力。因此，国际产能合作要统筹协调，不能盲目跟风。从国际投资合作的普遍经验看，企业对外投资应该根据东道国的资源禀赋、配套能力、市场条件等因素，合理布局对外投资与产能合作的方向和重点。

（二）对外投资要形成并发挥好组织优势、管理优势、技术优势和品牌优势

一般来看，成长型产业“走出去”，更多是通过“干中学”，学习国际先进的管理经验与技术。具有一定技术、管理和产能的优势产业“走出去”，不简单是输出产能，更要发挥其自身优势，输出管理、技术和品牌。这是唐山市近年来开展国际产能合作的一条经验，也是发达国家对外投资的普遍经验。日本在大规模对外投资前，企业不仅拥有规模优势，而且拥有庞大的技术优势和品牌优势。正是凭借这些优势，日本在 20 世纪 80 年代对发达国家特别是美国展开了强大的投资攻势，在汽车、半导体等行业曾一度主宰着美国市场。据有关资料显示，1975

年在美国取得专利件数最多的全世界前 50 位大企业中，日本企业仅有 4 家，而美国则为 37 家。但到 1989 年，日本企业则上升到 17 家，而美国企业则下降为 26 家，特别是前 4 位的企业均是日本企业。从当前发展阶段看，中国企业组织与运营管理水平还远远不能适应在境外开展产能合作的需要，形成并发挥组织、管理、技术和品牌优势需要有一个爬坡追赶的过程，这正是提高国际产能合作效率和效益的着力点。必须树立全球价值链和供应链思维，根据各产业、业态发展规律及特征，培育全球经济分工条件下的供应链管理模式，增强企业在技术、管理和品牌等领域的运营能力和组织化水平。

（三）对外投资需要专业服务配套“跟得上”

我国传统制造业和优势产业对外投资开展国际产能合作项目，将产业链条延伸到境外，总体而言投资决策程序严格、融资需求大、回报周期长。在一些国家，配套基础设施薄弱，道路设施落后，电力设施等缺乏应有维护，项目成本普遍偏高，潜在的市场风险大。经验表明，产能国际合作成功的关键因素之一是投资促进、中介等专业机构的协助。在企业进行海外拓展的过程中，专业机构的提示和引导在事前、事中、事后都无时无刻不在发挥着关键作用。利用这些专业机构可以提高效率，少走弯路，有助于项目科学规范地进行，实现安全高效“走出去”。比如，济南市的国际产能合作，加强政府、银行、信用保险机构与企业的协同联动，政府部门做好制定政策、搭建平台、建立机制、营造环境和提供保障等公共服务，银行利用海外分支机构资源优势，提供多元化、全方位的金融产品和服务，信用保险机构发挥政策性“主渠道”作用，提供境外风险预警、风险保障和风险管理服务。唐山市发挥政府整合资源的能力，成立本地区国际产能合作联系工作机制，协调解决企业在产能合作过程中的困难和问题；以“企业自主、政府推动”的方式，搭建国际产能合作交流沟通、项目对接的平台。因此，企业“走出去”必须学会利用政府公共信息、人才培训、投资银行、律师事务所、会计师事务所等专业机构的支持，专业机构也要主动“跟上去”做好对接。

（四）谨防对外投资风险

从环境适应性看，海外运营环境复杂多变，部分国家依然存在政治壁垒，各国法律环境差异较大，合法经营要求高，对外投资存在诸多不确定性因素。20 世纪 80 年代后半期，在日元升值等因素的诱使下，日本企业大举海外扩张给日本带来利益的同时，也留下惨重教训。当时日本企业对美国的大型并购案件不少集中在投资风险极大、收入不稳定的房地产、娱乐业等“面子”工程。1986—1991 年，日本对外房地产投资累计额就达 522 亿美元，占这一时期整个对外直接投资额的 19.4%。实践证明，日本大量的不动产投资后来基本成为不良资产。1993 年，在美的日本银行对不动产业的贷款总额高达 2000 多亿美元，这些贷款主要面向日本企业，其中近一半已成为不良资产。日本在 20 世纪 80 年代进行的 15 桩规模最大的并购案中，只有 4 桩取得了成功，其他大多都没能收回成本。当前，我国企业大规模“走出去”所面临的投资环境比当年日本更为严峻，会遇到各种风险，如规模风险、多元化风险、财务风险、企业文化风险、政治风险等，而我国企业“走出去”在管理和文化整合方面的经验更少。因此，企业在积极开展投资与产能合作的同时，必须要对投资后的各种风险有充分认识，从而采取有效措施尽力规避风险。

（五）对外投资需要履行社会责任

随着企业社会责任运动在全球范围内的开展，东道国的社会责任意识越来越强，不履行社会责任不仅影响企业社会声誉，而且可能会造成重大经济损失，甚至可能被逐出市场。履行企业应尽的社会责任，不仅有利于化解企业在产能国际合作中面临的各种矛盾，而且关系中国企业能否以负责任的形象立足于全球经济舞台，在东道国获得可持续发展。欧美日跨国公司普遍重视在东道国履行社会责任。日本许多企业不仅与当地政府搞好关系，还努力将自己整合到当地社区中去，为地方的社区建设出力，向各类地方机构捐助，培养社区支持力量、取悦当地政治家以及拓宽与其投资相关联的经济利益。从我国企业对外投资实践来看，由于“走出去”的企业在国内大多已是行业龙头企业，相对于其他多数更小规模企业的投资合作，其在海外的经营总体上较为规范，不少制造业企业已成为产能国际合作中履行社会责任的典范。但相对于国际标杆企业，还存在一定差距。全球企业中有超过半数面向全球发布了企业社会责任报告，反观我国从事境外产能合作的企业，则仅有少数发布企业海外社会责任报告。一些企业海外投资中对履行企业社会责任的重要性认识不够，习惯性将国内许多不合理的做法应用于跨国经营，比如不谨慎地大规模裁员、与当地居民产生矛盾、投资利益得不到保护、恶性事故频发，既影响企业形象，又制约了企业可持续发展。应借鉴跨国公司行之有效的经验与做法，通过积极参加公益活动、参与社区建设等培养社区支持力量，加深与当地政治家的关系，从各方面融入当地社会，寻求公众和舆论的支持。

四、主要问题与制约因素

随着“走出去”战略深入实施和“一带一路”建设不断推进，中国一大批企业开展对外投资和产能合作，在实践中不同程度遇到一些困难和问题。唐山市许多企业同国内其他企业一样，“走出去”仍处于起步阶段，对外投资和国际产能合作意识不够强，对海外市场不熟悉，跨国经营经验不足，承担风险能力弱，相关的政策支持与专业服务不适配，跟不上企业的需求。

（一）企业开展国际产能合作的意识还不够强

有些企业缺乏国际化经营理念，缺乏开展国际产能合作的信心，不愿走出去、不敢走出去的思想严重。有的企业已尝试国际化经营，但由于时间短、经验少，在经营战略和策略上，还停留在建立销售、售后维修服务点阶段，未能有效发挥国际产能合作的重要作用。有的企业对于国家推进国际产能合作的政策措施、重点国家地区和重点领域等情况了解不够，对相关政策理解不深、不透，虽然有了“走出去”开展合作的想法，但不知道往哪走、怎么走。

（二）开展国际产能合作的支持政策和措施不够完善

目前，我国已经出台了一系列支持对外投资合作的政策措施，特别是国务院印发了《关于推进国际产能和装备制造合作的指导意见》（以下简称《指导意见》）。但对《指导意见》中的相关政策，有关部门尚未出台具体的配套落实措施。就现有的政策措施来看，部分企业感到支持力度还不够，特别是对唐山市产业调整升级有重要意义的境外资源开发型投资、技术研发型投资及国际产能合作型投资，存在政策扶持力度不够、资金支持难以获得等方面的问题。

（三）金融支持乏力、企业境外投资项目融资困难

由于境外投资项目受周期长、风险高等诸多因素制约，企业境外投资项目普遍存在融资难度大、费率高等问题。目前，我国设立了丝路基金、中非基金、东盟基金等投资基金，但金融服务国际产能合作的政策措施不够丰富，还不够接地气。唐山市冀东发展集团通过与中非基金、东盟基金开展合作，投资了南非、缅甸的水泥项目，也仅解决了项目资本金的问题，后续的建设资金融资仍然非常困难。唐山市项目融资最成功的冀东发展集团南非曼巴水泥项目，获得融资支持也耗时数年。

（四）跨国经营人才和信息服务仍然构成国际产能合作的瓶颈

目前，唐山市企业特别是民营企业普遍存在缺乏国际化经营管理人才的问题，特别是熟悉涉外业务的法律、财务、商务等专业化人才储备不够，难以有力支撑企业未来国际化发展，亟待建立一套人才培养和引进机制。唐山市在信息服务、项目对接等方面开展了大量工作，但仍有

企业感觉在政策信息、国际投资合作信息方面存在不对称，有这方面信息的单位找不到合作者，而有意向进行国际投资合作的企业找不到信息，不知怎么寻求合作。

（五）把控风险的意识和能力有待提高

从环境适应性看，海外运营环境复杂多变，部分国家依然存在政治壁垒，各国法律环境差异较大，合法经营要求高，对外投资存在诸多不确定性因素。部分企业国际产能合作中不能做到充分了解并严格遵守东道国的各项法律规定、合法经营、注意法律风险，常常形成错误一犯再犯。从行业经营秩序看，部分行业在开展国际产能合作过程中，企业同质竞争、无序竞争现象仍然存在。企业“一窝蜂”式的无序化对外投资，势必造成经营风险增加，境外经营秩序仍需进一步规范。

五、主要发展思路

（一）做好统筹规划，引导有序合作

随着国际产能和装备制造合作工作不断深入，越来越多的企业“走出去”开展境外投资活动，投资主体呈现多元化态势，民营企业所占比重越来越大。企业开展境外投资活动往往主要从自身发展角度出发，较少考虑国家战略、地方经济发展和产业转型升级的需要。为此需要加强对“一带一路”建设和国际产能合作的顶层设计，研究制订重点领域和产业的合作规划，有序推进重点产业合作。地方政府在引导企业“走出去”发展壮大同时，需要从国家和地方发展战略角度加强统筹协调，防止一哄而上、恶性竞争，切不可不顾实际情况强行推动国际产能合作。要根据目前在所在国别投资合作的情况，筛选和确定条件成熟、经济和社会效益好、对方关注度高的项目进行重点推动，发挥重大项目在产能合作中带动装备、技术、服务出口和实现产能转移的引领和示范效应。

（二）推动优势产业的全球布局

实现优势产业全球化布局是发达国家及其企业的普遍做法。唐山市在钢铁、水泥、陶瓷、装备制造等行业具有传统优势，是产能合作和全球布局的重点领域。要着重加强与“一带一路”沿线重点国家和地区的基础设施投资和产能合作，实现向沿线国家有序转移部分制造业产能。一是将钢铁行业开展国际产能合作作为“去产能”的重要路径，支持钢铁企业结合境外矿产资源开发，通过绿地投资、股权并购等方式，在东南亚、非洲等重点国家建设炼铁、炼钢及钢材生产基地。二是发挥唐山市水泥企业技术、装备、设计和工程建设等方面的综合优势，支持优势企业采取绿地投资、股权并购、工程承包等方式，在非洲、东南亚、中东欧、拉美等国家建立境外水泥生产基地，带动水泥生产装备输出。三是鼓励支持优势陶瓷企业做大做强自有品牌，采取绿地投资、租赁仓库等方式，在中东、拉美等国家建立集仓储、展示、销售为一体的海外仓储基地，进一步拓展海外市场。

（三）因地制宜创新对外投资合作方式

不同国家的经济发展水平、产业结构、投资政策、营商环境等差别很大，推进国际产能和装备制造合作没有一成不变的模式，需要企业根据国外不同的投资需求采取相机策略。唐山市在开展对外投资和国际产能合作过程中，已经积累了绿地投资、股权并购、合资经营、产业园区、工程承包等多种合作方式的经验。下一步要继续发挥企业主体作用，创新合作模式，拓展制造业国际合作链条。通过跨境并购、参股和合作等方式，获取知名品牌、营销网络和先进技术，在海外设立或并购研发中心，融入全球创新网络，推动产业链向境外延伸，提升中国产业国际竞争力。指导国有企业加快对外投资供给侧结构性改革，鼓励民营企业走出去对外投资合作，提升供应链运营管理能力和组织化水平，努力向价值链高端环节转移，带动装备、技术、标准和服务“走出去”。

以传统优势产业为引领，鼓励企业提升跟随性服务水平，在境外设立加工组装、境外分销、售后服务基地和全球维修体系，带动装备和服务向外输出。

（四）用好人文交流与国家合作机制组合手

人文交流是增进民众友好互信、促进文化相互融合的重要载体，也是促进国际产能和装备制造合作的重要推手。加强与投资东道国的人文交流，借助孔子学院、海外文化中心等国家对外交流平台，利用友好城市的桥梁作用，积极拓展与东道国在教育、卫生、医药、文化和旅游等领域的交往与合作，扩大海外“朋友圈”，促进国际产能合作与人文交流相辅相成。近年来，我国与相关国家和地区建立了中非、中哈、中印尼、中印、中蒙俄等合作框架，以及中巴经济走廊、孟中印缅经济走廊等政府间合作机制，为国际产能和装备制造合作提供了功能强大的平台。国家配套设立的中非基金、中拉基金、丝路基金等也为重大项目的融资和顺利推进提供了强有力的支持。要统筹协调，将地方重大境外合作项目列入国家合作机制加以推动，取得事半功倍的效果。

（五）创新服务模式，提升对外投资便利化水平

企业“走出去”需要更加专业化、国际化的服务，要转变观念和意识，由坐等企业上门转为主动上门服务。政府层面，要加快海外投资的公共服务体系建设，加大在相关信息服务及政策、融资、外汇等方面的支持力度；进一步下放审批权限，简化审批手续，明确“备案为主、核准为辅”的境外投资项目管理模式，对“走出去”的境外投资项目，实行“网络备案”，缩短办理项目备案转报或备案的时限，节约企业人力和时间成本，便利企业境外投资。专业服务层面，要针对企业在海外投资中面临的法律、会计、审计、风险评估以及其他经济技术方面的困难，组织国际、国内相关专业机构，提供相应的技术援助与服务。行业组织层面，可成立“境外投资服务联盟”，通过采购服务方式，在信息

提供、交流互访、项目对接、人才培训等方面，为地方政府部门、服务机构和投资企业“走出去”提供全方位服务与帮助。

（六）履行社会责任，推动国际产能合作可持续发展

中国企业“走出去”推进国际产能合作，既要做合格的中国企业公民，更要做合格的全球企业公民。从政府层面看，要引导企业遵循国际规范和惯例，在完善企业社会责任法规之外，制定相应的企业社会责任标准、指导原则和行为指南，帮助国内企业不断向国际标准靠拢。完善法律法规，对企业应承担的社会责任范围、权利，以及企业不履行社会责任所应承担的法律责任给出明确的规定。从企业层面看，必须考虑到东道国政府和民众的关切，在为中国、为企业自身谋利益、谋发展的同时，要保护好当地的自然环境，尊重东道国人民的风俗习惯，提供就业机会，帮助消除贫困，促进教育和卫生事业发展，将商业活动和企业社会责任有机结合起来，树立中国企业的良好形象。

附录：典型案例

（一）河钢塞尔维亚公司

斯梅代雷沃有限公司是塞尔维亚最大的钢铁企业。河钢集团于2016 年收购该公司，目前公司在册职工人数 5000 名，其中中方派出人员 17 名，钢厂钢铁设计产能为每年 220 万吨。河钢塞尔维亚公司是我国钢铁企业在海外收购的第一家钢铁企业。

1. 主要做法

第一，充分发挥河钢内部技术、管理与人才优势。2016 年以来，河钢在技术、管理、人才等方面，对塞钢提供全方位支撑，连续派出财务、工艺、设备 10 多个批次、200 余人的专业团队，对塞钢生产经营各环节，开展诊断分析，查问题、定方案，以较快的速度理顺了成本控

制、工艺完善、品种开发和设备管理，深入挖掘了企业潜力，解决了亏损问题，并为塞钢健康发展注入了强劲动力。

第二，充分利用集团全球资源掌控配置能力。发挥河钢全球资源掌控配置能力和成熟的营销网络，从原料采购、产品营销等多个方面，帮助塞钢降低采购成本、提高产品售价、开拓广阔市场，保障了塞钢生产运营的稳定顺行，支持了塞钢经营业绩的持续提升。采购方面，从2016 年四季度开始，河钢国际、河钢德高全面介入塞钢大宗原燃料采购，替代了工厂原有采购方式。借力河钢国际化平台的强势采购地位，塞钢采购成本实现大幅度降低。销售方面，在利用原有销售队伍，挖掘塞尔维亚本国、前南地区及多瑙河沿岸国家市场的同时，还充分借助河钢德高国际化销售网络，积极拓展德国、意大利、法国、美国等市场，努力提升产品售价，取得明显成效。最近已成功承接美国市场第一单合同。

第三，积极构建国际化先进管理平台。在组织机构上，塞钢构建了以责任人为结点，自上而下、逐级负责的扁平化管理网络，达到了责任清晰和运行高效。在生产运行上，实现了高度的计划性和严格的标准化。在采购、销售等商业行为上，实现了平台化、流程化、信息化、自动化，达到了准确、高效、规范运行。上述平台的规范运行，对改善塞钢生产经营指标、全面降低成本费用、增创效益，起到了重要作用。

第四，高度重视原有体制延续和集团文化的融入。充分发挥当地员工和原有体制作用，秉承“员工和用人本地化、利益本地化、文化本地化”原则，延续了工厂较为成熟的管理体系和制度，并引导中方团队快速熟悉，迅速适应了东欧企业的工作模式。注重发挥集团企业文化作用，通过日常工作，循序渐进地融入和传播河钢的先进理念，增强了职工对塞钢发展的信心。

第五，利用两国政策积极推进员工培训。按照两国约定，为提升塞钢职工技能与综合素养，河钢集团着手制订了 2017 年双边合作培训计划，将培训活动贯穿全年。全年计划派送塞钢五批次共计 120 余人来我国，由我国商务部和河北经贸大学、国家发改委宏观经济研究院等，开展质量管理、人力资源、现场管理、工艺设备改造等多方面的培训。目前，由我国商务部国际商务官员研修学院举办的 2017 年塞尔维亚国际合作质量管理培训班已经结束；人力资源管理、现场管理、铁钢轧全工艺流程三个培训班正在紧张筹备之中，其中工艺流程培训班培训人员将达到 600 人。

2. 取得的成效

2016 年下半年，塞钢实际产铁 71 万吨，产钢 76 万吨，产商品材坯 62 万吨，实现产值 3. 13 亿美元，比上半年分别增长 56%、52%、53%和 73%，成功实现了 2016 年“三季度实现大幅减亏，四季度末实现盈利”的预定目标。

2017 年以来，尽管受到极端严寒天气的较大影响，但塞钢生产经营保持了稳定顺行的良好态势。前 4 个月，塞钢累计产铁 43 万吨，产钢 47 万吨，产商品材坯 39 万吨，比 2016 年同期分别增长 80%、79%和 65%，累计实现销售收入 2. 25 亿美元，同比增长 148%。通过调整和捋顺，塞钢的原料供应得到强化，生产组织更加顺畅，设备维检更加精细，成本管理纳入正轨，企业焕发出鲜活的生命力。

下一步，河钢塞尔维亚公司将以稳定生产为重点，以打造“中塞两国合作共赢典范”、中国“一带一路”样板工程为目标，推进生产组织更顺畅、综合管理更高效、产品质量再提高、产品销量大提升，把赛钢建设成一个“健康、有活力、有未来成长性，在欧洲有极强竞争力”的企业。

（二）河北冀东建设工程有限公司

近 10 多年来，随着经济快速发展，我国对矿产资源需求急剧增加，国内资源越来越紧缺，需要足够的境外资源补充。河北冀东建设工程有限公司“走出去”，开展工程勘察和基础工程施工工作，服务对象主要是中资企业的投资项目。目前在赞比亚和印尼分别注册了公司，有自己的海外基地和常驻人员。

1. 主要做法

近年来，冀东建设陆续为我国企业“走出去”进行矿产勘查技术服务工作。通过技术服务，冀东建设也积累了资本和经验。2014 年，冀东建设开始在印尼逐步开发工程勘察市场，主要为包括央企和国有企业在内的中资企业提供技术服务。为拓宽业务范围，冀东建设开展全方位的市场调研，通过媒体广告宣传、参加商会组织、建立常驻机构等形式拓展营销渠道，让更多走出去的企业了解公司，从零开始逐步做大做强。通过大量的工作，冀东建设在印尼跟踪了 70% 以上的中资投资项目，考察了很多矿业资源项目，发现了许多具有投资远景的案例。2016 年，冀东建设在赞比亚全部完成矿产勘查项目情况下，依托多年积累的经验和资本，逐步开展工程勘察项目，取得了地质勘查、工程勘察的全面发展。

2. 主要成效

一是矿产勘查领域。冀东建设从 2008 年走出去累计争取国家境外风险勘探资金项目十几个，利用国家风险勘探资金约 8000 万元，自有资金和社会资金投资约 5000 万元，承揽央企投资项目约 2000 万元，发现大型矿产地一处，远景矿产地 2 处，为国有企业决策提供了资源依据。二是工程勘察和工程施工领域。冀东建设从 2014 年开始，完成了 30 多个项目的工程勘察和基础工程施工，实现产值 5000 万元，为公司走出去积累了丰富的施工经验。三是培养和锻炼了一批能够在国外独立工作的技术和管理队伍，积累了丰富的境外工作经验，能够应对各种复杂的问题。四是通过考察印尼大量的矿业资源投资项目，对投资印尼矿业注意事项和法律法规有了详细掌握，为投资企业提供尽职调查服务。

3. 几点体会

冀东建设认为，“走出去”是一项十分艰难的工作，起初两眼一抹黑，需要有人带路，同时注意防范风险。较好的办法是与有经验的国有企业合作走出去，这样风险最小，少走弯路。

第一，管理层面。一是综合核算项目成本。要综合考虑当地的交通、供给、经济、人文等多种因素，这些因素是导致项目成败的关键。在国内一个月可以完成的项目，在国外可能半年都做不成，如果不熟悉这些，就注定要亏本。二是尽快实现人员本地化。很多国家工作签证很难办理，办理成本也很高。出国人员费用也非常高，如果长期靠国内派人去国外工作，企业竞争力就会下降。为避免过高的成本和不必要的劳工问题，培训出优秀的本地员工是走出去企业的必由之路。三是做好尽职调查。为项目决策把关，这项工作必不可少。一定要有专业知识的尽职调查队伍来做，才能取得最好效果。尽职调查队伍自身要熟悉专业知识，又要有当地工作的经验，熟悉当地国情。

第二，东道国层面。一是熟悉当地国情。不能盲目做事，不能按着国内的思维或者中国人的思维方式去办事，必须按着当地人的思维方式做事，否则会麻烦无穷。很多中国人到了国外发现到处都是商机，做什么都应该赚钱，但是真正做起来了就不是那么一回事。因此要熟悉所在国国情和当地人思维方式后再做决定。二是熟悉当地法律法规。严格按着法律程序办事，不能盲从于任何人。如果不严格按着所在国法律程序办事，就会给企业带来大麻烦。搞好与土著居民的关系，争取地方政府的支持。三是履行社会责任。比如保护当地环境，改善当地饮水、医疗等条件，支持当地教育。

第三，政策层面。一是给予政策支持。企业发现国外很多中小项目投资见效快、效益高，有投资合作意愿，但总体能力有限，需要相应政策支持，特别是对投资项目和承揽 EPC 项目、PPP 项目的支持。可以探讨创新一套银行出资本、企业出技术、风险共担“走出去”的投资模式。二是严格科学决策程序。项目决策中，要专业的人做专业的事，避免领导意志和外部干扰出现重大失误。投资项目必须分解单独专业论证，每个分项和过程要通过招标分包论证和承包负责来完成，对最重要的过程要通过两家公司分别论证，严格步骤把关。比如矿业投资，只有地质队才是专业的论证队伍。

4. 存在的问题

第一，资金问题。地方国有企业实力相对较弱，自有资金不足，很多项目由于资金问题无法承担，特别是在开始阶段，冀东建设首先是为国内走出去的企业服务，通常是施工单位垫付后再拨款，拖欠工程款，一旦投资企业出现问题或者资金不到位，往往难以为继。地方国企很难得到央企同等的政策，央企可以做 EPC、PPP 项目，因为有银行支持，地方国企就无法实现。

第二，劳工问题。由于很多国家都对外国劳工有限制，工作签证很难解决，当地的劳工技术能力有限，导致工作很难开展，工期进度难以保证。

第三，东道国国情问题。每个国家的国情都不一样。投资的东道国中，许多国家经济落后，基础设施有待改善，用工熟练程度不一，需要做好充分的市场调研与评估。

第四，机制问题。由于国有企业自身机制所限，决策过程复杂，难以灵活经营。因为不能及时决策，很多好的项目难以实现。

5. 下一步发展思路

第一，加大服务领域的开发。冀东建设在主要开发服务的国家（东南亚、非洲）形成了自己的优势，有丰富的工作经验和详实的基础资料。下一步要充分发挥地质技术业务的优势，做好我国企业走出去的前期技术服务工作，不仅为我国矿业企业和基础设施承建单位走出去保驾护航，还要逐步实现本地化，为所有在属地国投资的企业服务。

第二，努力研究开拓投资项目。发挥自身的特长，通过合资合作、技术入股等形式积极研究开发矿业类的投资项目。下一步将重点研究印尼的有色金属和贵金属的矿业投资项目。印尼具有投资门槛低、政治稳定、民风淳朴等很多优势，成矿条件好，资源勘查程度低，取得成果相对容易，有利于矿业开发和资源深加工。

第三，进一步拓展朋友圈。通过加大宣传力度、参加各种会议等形式，更多了解走出去企业的投资信息，提前谋划、提前介入，通过信息共享、资源共享的形式广交朋友。

（三）河北华通线缆集团股份有限公司

1992 年河北华通线缆集团股份有限公司创建之初，就立志在线缆行业干出一番事业，做线缆行业“同仁堂”式企业。经过 20 多年的快速发展，集团公司已经成为一家集科研、生产、销售为一体的高新技术企业。拥有大型关键设备 225 台套，检测设备 115 台套，被列入河北省重点支持的“三个一百”企业之一，被评为百强优势企业，创新型企业，河北省政府质量奖获奖单位、中国线缆百强企业。近年来，华通线缆依托设立的院士工作站和河北省唯一的特种线缆工程研究中心，重点研发系列特种线缆产品，成为国际知名油服公司主要供应商，核心产品潜油泵线缆连续三年全国销量第一，2016 年集团公司整体实现销售收入 20 亿元，利税 2.1 亿元。

1. 科技创新，夯实国内基础

在国内线缆行业产能过剩、市场竞争日益加大的情况下，华通线缆始终坚持创新发展，瞄准特种线缆市场，不断加大科技研发投入，通过产品创新，带动企业快速发展。先后开展高温、耐腐蚀、环保、复合等方面的技术研究，打破传统的制造工艺、突破国内能源线缆使用环境单一、性能单一的技术壁垒。为国家深海采油技术提供了必要支撑。参与国家及行业标准制定 13 项，起草并备案企业标准 136 项，10 个企业标准升级为地方标准，6 个企业标准升级为国家标准。连续多年圆满完成军民融合科研项目，成为武器装备科研许可单位。通过了 UL、TUV、CE、SABS、KEMA 等全球 20 个国家的认证。目前，公司产品形成了“油、矿、机、船为龙头，以核、风、军、特为两翼，以普通产品为基础”的产品结构，市场占有率达到 6.5%。稳居国内特种线缆前列，发展势头强劲，成为河北省电线电缆制造业排头兵企业。

2. 坚持对外合作，占领市场制高点

华通线缆内外并举，积极开辟海外市场。2011 年与美国通用公司建立战略伙伴关系，之后又与爱立信、澳大利亚电力公司等国际知名公司合作，成为多家国际知名公司专业电线电缆供应商。随着公司国际业务的不断拓展，公司意识到走出去是企业发展的必然选择。时逢我国政府提出“一带一路”倡议。在国家“走出去”政策的鼓励下，自 2014 年开始先后在新加坡、中国香港、美国等地开办公司。特别是 2016 年在坦桑尼亚第一家实体工厂基本建设完毕。截至目前，由河北华通线缆集团股份有限公司投资的境外公司共计 7 家，其中贸易类公司 4 家，分别设立在中国香港、新加坡、美国、南非。建设中的实体工厂 3 家，分别选址在坦桑尼亚、赞比亚、喀麦隆等地。

华通国际（亚太）。成立时间：2014 年 6 月 26 日，注册资本：100 万美元。公司主要业务为国际贸易。目前无固定派驻人员，采取业务人员临时往来的形式开展业务。受全球经济情况影响，略有亏损。下一步将着力推广新产品，继续扩大贸易份额，力争扭亏为盈。

华通线缆（美国）。成立时间：2014 年 5 月 14 日，注册资本：30 万美元。公司主要业务为线缆产品销售。现公司已经雇佣美国籍员工 2 人。自 2015 年开始陆续开展业务。2016 年赢利达 200 万美元。

华通控股（新加坡）。成立时间：2015 年 12 月 3 日，注册资本：50 万新加坡元。主营业务为线缆产品的生产与销售。派驻 1 名中国籍员工常驻新加坡，雇佣当地籍员工 4 人。主要从事市场调研。因公司开业时间较短，截至2016年底，微有盈利。

永泰控股（南非）。成立时间：2016年12月12日。目前厂房正在基础建设，设备已发运南非，预计10月份投入运行。

永兴电缆（坦桑尼亚）。成立时间：2015年7月30日，注册资本：1000万美元。该公司为实体工厂，租赁厂房6000平方米，安装设备85台（套），中方派驻13人，其余90人左右为当地招聘人员。主营业务：线缆产品的生产及销售。2016年底试车成功，进入试生产阶段。

华通永兴（赞比亚）。成立时间：2016年6月14日，注册资本：1万克瓦查。华通赞比亚公司拟进驻由中国企业建设的赞中园区，但因该中国企业决策失误，该项目暂缓投资。

华通永兴（喀麦隆）。成立时间：2016年9月20日，注册资本：1000100000非洲法郎。该公司为实体工厂，主营业务为线缆生产与销售，目前公司已经已派驻3人，负责当地工厂筹建。目前已签订厂房租赁协议。

3. 多元发展，齐头并进

在“走出去”过程中，华通线缆逐渐认识到，国际市场需要企业多元发展，抱团经营，为此积极谋划与国内同行业及上下游企业共同发展的策略，计划在哈萨克斯坦卡拉干达州建设经济园区。园区主要定位为电线电缆等装备产业、钢铁冶炼产业以及配套行业等，集研发、生产及销售服务为一体的综合体。拟定占地14.7公顷（折合220.5亩），总投资5800万美元，计划3年建设期。园区内将以加工制造业为主线，以电线电缆生产制造、石油设施钢铁冶炼为主业，其余为上下游相关装备制造企业及相关产业，园区内形成研、产、销的循环互补的小型经济带。

整体园区内主要分线缆生产制造和钢铁冶炼两条主线建设。一为电线电缆制造。以华通线缆集团为投资方，占地3公顷的线缆公司。生产中、低压电缆特种线缆为主。安装生产设备38台套，雇佣员工100人，主要产品为低压塑力缆、橡套线缆、控制线缆、装备线缆等。预计可实现年产值3000万美元，年销售收入2200万美元，年平均利润总额为180万美元。达到发挥集团本部技术优势延伸与哈萨克斯坦本地资源融合利用，实现技术资源合作、信息共享、利润最大化的经济效益的目的。二为钢铁冶炼。由华通线缆集团借助在中方的人脉关系招商引入。形成年产产值达60万吨的炼钢及冶炼硅锰合金生产能力的钢厂。新增16500KV高炉5座，雇佣当地员工1000人，预计年可实现销售收入1.1亿美元，利润总额达到1000万美元。实现哈萨克斯坦本地资源与冶炼技术共融的优势互补产业，直接服务于哈萨克斯坦建设。

（执笔人：李文锋）

专题四

探索金融服务开放型经济新举措

实体经济是经济发展的坚实基础，是一国经济的立身之本。金融发展只有与实体经济相匹配，才能有效促进其自身发展。党中央、国务院高度重视金融服务实体经济问题，在2017年7月召开的全国金融工作会议上，习近平总书记明确指出："金融要把为实体经济服务作为出发点和落脚点"，"金融是经济的血脉，为实体经济服务是金融的天职，是金融的宗旨"。在党的十九大报告中，习近平总书记再次指出："深化金融体制改革，增强金融服务实体经济能力。"贯彻落实好党的十九大、全国金融工作会议精神，引导金融回归本源服务实体经济是当前金融工作的一项重要任务。要把金融特有的规律和实体经济规律结合起来，坚持实体经济第一性的原则，加强体制、机制建设，提升金融服务实体经济的能力和水平。

《中共中央国务院关于构建开放型经济新体制的若干意见》（中发〔2015〕13号）（以下简称《意见》）提出构建开放安全的金融体系。该《意见》指出，不断提升金融业开放水平，稳步推进人民币国际化，扩大人民币跨境使用范围、方式和规模，加快实现人民币资本项目可兑换。唐山市在不具有相对区域金融优势地位的前提下，积极探索金融服务开放型实体经济功能，积极扩大国内外融资渠道，服务区内中小微企业，取得不错的成果。但由于多种客观及不确定原因，唐山市在构建开放型金融服务体系过程中还存在或多或少的困难。课题组通过认真调研，对唐山市探索金融开放服务实体经济实践进行了考察，现通过以下四个方面展开阐述。

一、发展现状

（一）加强金融与实体部门紧密对接

为切实做好金融服务实体经济工作，唐山市召开各类专项银企对接活动，2017 年上半年全市各县（市）区共召开银企对接活动 26 场次，累计参会企业 500 余家（次），现场达成合约授信意向 10 多亿元，签约 11 多亿元；印发包括 353 个项目的《2017 年唐山市重点融资项目汇编》（第一辑）和包括 40 个项目的《2017 年唐山市 2017 年二季度观摩项目汇编》（第二辑），并在银行机构内广泛发放，推介唐山市优秀项目。推动市政府与河北银行签订战略合作框架协议，河北银行承诺到 2020 年为唐山市提供至少 500 亿元资金支持。

在解决中小微企业融资难问题方面，唐山市为拓宽小微企业融资渠道，缓解小微企业融资难、融资贵问题，金融办与市财政局、工信局等部门联合制定下发了《唐山市关于开展“政银保”合作贷款支持小微企业融资实施细则》等支持政策，出台《唐山市天使投资基金管理暂行办法》《唐山市科技风险投资基金管理暂行办法》。

（二）政企共建扶持基金促进科技企业发展

根据国际经验，通过基金促进具有一定风险但有潜力的产业与企业获得发展已成为金融服务实体经济的重要方式。唐山市运用市场与政府两种力量成立基金促进科技产业发展。金发集团成立农业、工业、服务业三支子基金，基金总规模达 9.08 亿元，撬动社会资本 6.78 亿元，财政资金的引导和放大作用得以体现。此外，金发集团与路北区政府、深创投合作设立规模 3 亿元的投资基金（唐山红土创业投资有限公司），主要开展战略性新兴产业的投资业务；与九鼎投资合作设立一支规模 1 亿元的创业投资基金（金海九鼎创业投资合伙企业），重点支持唐山的科技型中小企业。2015 年起，市财政每年安排风险投资基金 2000 万元，由科技风险投资公司负责运作。

2016 年以来，在全国限批严管的背景下，成立了全省第一家资产管理公司——冀资唐山资产管理有限公司；成立了曹妃甸金融控股集团有限公司；成立曹妃甸区河北环渤海煤炭交易中心；成立唐山曹妃甸融资租赁有限公司、中旭鑫盈融资租赁（唐山）有限公司两家融资租赁公司，支持市国资委、市供销社分别成立了投资类公司。引进平安银行、华林证券、安信证券、长江证券、西藏东方财富证券 5 家金融机构。

（三）大力辅助企业通过资本市场实现直接融资

唐山工业与固定资产投资需求很大，通过上市直接融资可以满足区内优秀工业企业实现规模扩大，因此，上市工作在唐山市金融服务中具有重要地位。

围绕发展多层次资本市场，唐山市明确专人，进行了十轮下县入企，督导上市工作。在这一过程中，唐山市狠抓重点环节、培育深挖后备企业，为企业提供全方位系统的服务支持。尤其是针对辅导上市过程中遇到的资产不实、账务不清、资金不足、五证不全、违规违标等十余种问题，以钉钉子的精神，以事不过夜的作风随时发现问题、解决问题，逐一攻坚，累计为 30 家企业解决 50 多个问题。2016 年以来实现新三板及以上上市挂牌企业 26 家，特别是惠达卫浴、三孚硅业两家企业在主板上市，累计实现融资 13 亿元，填补了唐山市乃至全省近两年来的上市空白。

近期，惠达卫浴于上海证券交易所正式敲锣挂牌上市，A 股主板市场迎来了中国综合卫浴第一股。作为中国卫浴行业领导品牌，惠达卫浴登陆资本市场备受业界关注。业内人士称，惠达卫浴在 A 股主板成功上市，标志着卫浴行业从产品竞争迈向资本角逐。据唐山市金融办相关消息，截至 2017 年 3 月底，唐山市共有 4 家深交所上市公司、5 家上交所上市公司、1 家境外香港联交所上市公司、33 家新三板挂牌公司。这些企业依托资本市场进行发展，对区域经济具有重大积极意义。

（四）抓住机遇利用境外金融市场缓解企业资金困难

充分利用跨境外汇担保政策，为唐山燕山钢铁有限公司、河北港口集团有限公司、唐山三友化工股份有限公司、唐山三友集团有限公司4家企业办理内保外贷登记15700万美元，通过用足用好内保外贷政策，在境内企业及个人提供跨境担保的前提下，使境外关联企业及时获得贷款，间接缓解了境内生产企业融资困难，直接支持了唐山市重点企业发展。

首先，在通过金融对外开放缓解企业资金困难方面，唐山金融办成立外经贸企业帮扶小组，主要推进工作如下：一是配合人行推动开滦集团列入河北省首批跨国公司外汇资金集中运营业务试点企业，已经通过审批获得了5亿元轧差结算额度，为境内外企业资金流动提供了便利，减轻了企业人力成本负担。目前，在帮扶小组的努力下，开滦正与汇丰银行唐山分行密切接触，进行了境外发债的各项准备工作。二是协调天津银行唐山分行，争取提高华通线缆授信额度，华通线缆是唐山市外经贸骨干企业之一，产品外销过程在中信保进行投保，通过对保单质押进行融资，天津银行唐山分行每年授信3000万元，应企业需求，唐山金融办积极协调天津银行增加授信额度，各项工作正在进行中。三是支持中红医疗利用银行信用证在境外进行抵押贷款融资，降低融资成本，在人民币汇率上升期，在中国香港融资500万元，节约了资金成本。四是对接汇丰银行与中信保唐山营业部、开滦财务公司、华通线缆，探索金融对外开放服务企业新路径。

其次，唐山市中心支局积极引导支持建设银行唐山分行推出了“跨境融资风险参与”（以下简称“跨境风参”）业务，2016年8月16日，通过该业务模式，首钢股份公司迁安钢铁公司首次引入境外金融机构融资资金1450万美元，既帮助企业解决了融资困难，同时也为促进跨境外汇资金流入起到积极推进作用。

最后，抓住唐山市被列为国家开放型经济新体制综合试点城市这一契机，加快推进唐山市金融对外开放步伐。唐山市政府与三地人行签署了《金融支持唐山（曹妃甸）协同发展、构建开放经济新体制金融合作备忘录》，就引导金融资源向唐山（曹妃甸）汇聚，拓宽企业融资渠道，争取将北京中关村与天津自贸区特定金融政策向唐山（曹妃甸）延伸等 11 个领域达成共识。

（五）建立质量效益导向型外贸促进新体系

2016 年 5 月以来，人行唐山市中心支行积极推进外汇管理改革，支持和便利进出口企业正常合理用汇，服务贸易便利化。切实落实 A 类企业贸易外汇收入暂不进入出口收入待核查账户，可直接进入经常项目外汇账户或结汇的改革措施，简化企业收汇和结汇手续，降低收结汇资金成本，提高企业资金使用效率，同时减少银行业务操作环节，进一步促进贸易便利化。此项改革措施惠及唐山市 99.5% 的进出口企业。支持唐山市有订单、有效益的重点企业在确保贸易真实性的基础上，充分利用现行贸易信贷外汇管理政策实现对境外资金的融通使用。2016 年 5 月 1 日至 2017 年 5 月 31 日，全市出口企业预收货款 12.5 亿美元，占同期全部出口收汇的 17.6%。2016 年 9 月，唐山钢铁集团有限责任公司单笔预收出口钢材货款 6 亿美元，在带动企业出口增长的同时实现了对境外低成本资金的有效利用。

积极支持唐山市银行机构开展远期结售汇、人民币对外汇掉期、人民币对外汇期权等业务，与银行携手加大对人民币与外汇衍生产品向外贸企业宣传、解读、推介的力度，帮助企业积极防范汇率风险。2016 年 5 月以来，唐山市外贸企业累计办理远期结汇 6.3 亿美元、远期售汇 4.9 亿美元，同比分别增长 81% 和 13%。积极推进人民币跨境结算增长，2016 年 5 月 1 日至 2017 年 5 月 31 日，唐山市累计实现人民币跨境结算 39.2 亿元，同比增长 13.4%，涉外企业有效规避了汇率风险。

积极落实服务贸易外汇管理改革各项措施，目前人行唐山市中心支行已将服务贸易项下外汇收支的审批事项全部下放外汇指定银行，积极推进服务贸易便利化。同时为便利企业资金使用和业务开展，支持涉外服务贸易企业外汇收入存放境外，2016 年 5 月 1 日至 2017 年 5 月 31 日累计为唐山市境外承包工程企业核准开立境外账户 10 个，核定限额 5088 万美元，有力支持了唐山市境外承包工程企业的发展。

（六）事后事中监管严守底线防范金融风险

守住不发生系统性、区域性金融风险底线，敢于担当，主动作为，实现金融秩序总体稳定。一是加强监管协同。成立市金融监管协调联席会议和市金融法治环境建设工作领导小组两个机制，定期专项调度，加强有效衔接。出台加强金融生态环境建设的若干意见，优化金融生态环境。二是严厉打击非法集资。成立市打击和处置非法集资工作领导小组，出台进一步做好防范和打击处置非法集资工作的实施意见，健全责任机制。多次召开全市打击和处置非法集资调度会，遏制非法集资势头蔓延。开展宣传教育和日常排查，及时化解防范金融风险隐患。三是努力化解融投担保风险。履行属地职责，逐一研判企业风险，制定风险处置方案。同时，按照“一企一策”原则，分别制定盘活救助方案，帮助企业维持正常经营，目前在保企业形势总体稳定。

（七）政策性出口保险为开放经济助力

中国信保河北分公司坚持履行公司政策性职能，积极贯彻落实政府决策部署，大力支持唐山市外贸回稳向好和企业“走出去”，各项工作取得了明显的成效。2017 年上半年，面对依然复杂严峻的外贸出口形势，中国信保河北分公司努力扩大承保规模，支持唐山市外贸出口，信用保险覆盖面继续扩大，整体业务规模达到 4.07 亿美元，全市出口渗透率（承保额占出口额的比重）达到 12.77%，同比增长 2.36 个百分点；一般贸易出口渗透率达 15.61%，同比增长 4.58 个百分点。2017

年中国信保河北分公司支持河北省外贸出口规模达 100.94 亿美元。公司全年在唐山辖区内共举办宣讲会、培训会 12 场（次），对 190 家小微和农产品企业进行了出口信用保险政策培训，同时积极参加了省级督导帮扶组，对唐山市重点出口企业进行了精准帮扶，有力提振了出口企业的信心，稳定了外贸出口态势。中国信保的专业化服务水平进一步提升，具体表现在：

第一，强化理赔服务。2017 年上半年，中国信保河北分公司不断提升专业化服务能力，帮助企业挽回收汇损失，较好履行了信用保险风险补偿和减损职能，助力企业稳健经营。受理企业报损 10 件，报损金额 218 万美元（折合人民币 1482 万元）；向唐山市企业赔付案件 2 起，赔款金额 22 万美元（折合人民币 149 万元）。其中，处理小微和农产品出口企业报损案件 6 宗，报损金额 20 万美元；赔付小微和农产品出口案件个数 2 件，支付赔款 6.5 万美元。

第二，发挥专业追偿能力为企业化解风险。2017 年上半年，中国信保河北分公司充分利用遍布海外 200 多个国家和地区的专业追偿渠道，通过海外买方调查、关联关系调查、货物流调查、资金往来调查、历史交易调查等多个维度，为唐山市企业提供了损因调查、欠款追讨、物流追踪、法律咨询等专业追偿服务，累计调查案件 31 起，涉案金额 1266 万美元，出具专业勘查报告、法律分析意见等超过 20 份。除通过支付赔款形式帮助唐山市企业补偿出口收汇损失外，分公司通过追偿业务帮助企业追回海外逾期应收账款 340 万美元（折合人民币 2312 万元），较好地发挥和履行了信用保险的止损减损职能，帮助企业挽回大量收汇损失，助力唐山市出口企业稳健运营。

第三，发挥风险预警和信息服务优势，提高风险容忍度，帮助企业抓订单扩市场。2017 年上半年，中国信保河北分公司积极争取总公司政策资源，实行积极承保政策，进一步提高风险容忍度，全力保障市内企业订单需求。全年共为唐山市出口企业提供海外买家资信调查报告近

400份，帮助唐山市企业识别和筛选国外客户和订单。在传统市场需求不足的情况下，中国信保的资信服务优势和积极承保政策为唐山市企业开拓国际市场提供了有力的支持和保障。

第四，推动银保合作和融资服务，便利企业融资规模稳中有升。2017年上半年，中信保河北分公司积极探索和创新保单融资模式，争取境外担保融资政策。全年为2家出口企业办理保单项下融资业务，帮助企业获得融资近5025万元人民币，为企业节省融资成本近百万元人民币，有效缓解了出口企业融资难问题，增强了企业承接海外订单能力，促进了唐山市外贸出口。

（八）扩大人民币跨境使用规模助力企业“走出去”

对于有真实交易背景、有利于辖内企业发展的重点购付汇项目给予充分便利和全力支持。如，辖区中车唐山机车车辆有限公司是中车股份所属生产“和谐号”动车的核心子公司，该公司响应国家“一带一路”倡议，为了加快进入和占领欧洲动车市场，拟收购意大利一家从事动车产品研发和设计的公司，以提升国产动车在欧洲市场的竞争力。该项目于2016年12月初获得了国家发改委、商务部及国资委的批复。但当时正值国家发改委、商务部、人民银行和外汇管理局等四部委联合加强跨境投资真实性审核的关键时期，据调查，该企业如果不能按照合同约定向意大利公司支付购买股权对价款，该境外投资收购计划将被取消，同时造成企业直接经济损失100多万欧元。为此，在充分调研和确保项目真实性的基础上，人行唐山中支及时向省分局汇报情况，得到了省分局的高度重视和全力支持，并积极协调辖内银行及时为企业办理了够付汇540万欧元，使企业顺利完成了境外企业收购计划，为支持企业走出去，进一步开拓欧洲市场创造了良好条件。通过高效履职服务，2016年5月至今，唐山市对外投资资金汇出1041万美元，有力推动辖区企业跨境投资，有效支持企业“走出去”快速发展。

二、可复制推广经验

（一）通过政策引导扩大人民币跨境使用规模

唐山市通过企业事前约谈、银行窗口指导、政策培训等措施，鼓励引导涉外企业用汇采用跨境人民币方式对外进行贷款或投资，有效扩大跨境人民币使用规模。如 2017 年初，通过事前约谈企业的主要领导及财务负责人，成功引导唐山市顺利实业集团有限公司对外投资 2. 14 亿元人民币改以跨境人民币方式支付。2016 年 5 月至今，唐山市以人民币对外投资 3900 万元人民币（折 564 万美元），同比上期未发生人民币境外投资业务。人民币境外放款 710 万元人民币（折 106 万美元），同比上期未发生人民币境外放款业务。使用人民币对外进行贷款和投资规模增加，推广人民币跨境使用取得显著成果。

（二）利用跨境外汇担保政策帮助企业解决融资困难

为积极利用海外资本服务中资境外企业发展，中国银行积极采取“内保外贷”政策。目前，唐山燕山钢铁有限公司、河北港口集团有限公司、唐山三友化工股份有限公司、唐山三友集团有限公司 4 家企业办理内保外贷登记 15700 万美元，通过用足用好内保外贷政策，在境内企业及个人提供跨境担保的前提下，使境外关联企业及时获得贷款，间接缓解了境内生产企业融资困难，直接支持了唐山市重点企业发展。

（三）推进外债结汇改革便利化

深化外债管理改革，贯彻落实意愿结汇政策改革，支持跨境资产转让，放款内保外贷项下资金回流限制。完善国内外汇贷款管理，改进非居民账户管理，放宽结汇限制。结合唐山市工作实际，制定推进结汇改革措施支持唐山实体经济发展的指导意见，支持辖区企业充分运用国际资源、市场，融通资金，支持实体经济发展。为此，唐山市相关部门认真做好改革宣传培训、业务指导等工作，推动外债结汇改革政策在辖区落地实施。2016 年至今，唐山市跨境融资结汇 1944 万美元，同比增长 3.6 倍，推进便利外债结汇取得显著成果。

三、主要问题与制约因素

（一）政策性出口信用专业服务及利用率不够充分

唐山市企业在综合运用出口信用保险政策的能力和水平还存在一定差距：一是企业在利用信用保险综合服务上有差距。绝大多数企业仅仅运用了出口信用保险的风险保障功能，这仅仅是中国信保专业服务的一部分，唐山市企业在利用信用保险提升管理水平、进行市场开拓、培育新增长点等方面还远远不够。二是唐山市企业在“走出去”方面对政策性信用保险金融工具的利用水平偏低。国家出台了推进“一带一路”建设以及国际产能合作的三年实施方案，有 20 多个省市将中国信保列为省级、市级“一带一路”领导小组成员或责任落实单位，积极利用中国信保在支持企业“走出去”方面的独特职能承揽海外工程、开展海外投资、进行产能转移、获取能源资源等方面取得了突出的成效。与其他省、市相比，唐山市企业对相关政策和产品认识不够深，市场的借力意识不够强，在推进“一带一路”项目建设和“走出去”方面，对政策性出口信用保险的使用还不够充分。

（二）利用国内外融资渠道还需大力增强

据调查，唐山市沿海金融基础薄弱，金融体系发展滞后，金融机构“硬、软件”远不能满足未来沿海发展的需要。信贷投入、支付结算等金融服务功能明显弱化，迫切需要引进各种形式的中、外资金融机构，为沿海开发建立一个功能强大、品种齐全，能满足沿海开发不同层次的、服务完善的金融组织体系。

沿海发展战略的实施，基础设施建设包括港口、港城、公路的建设，能源项目的建设，部分社会事业项目的建设，都存在建设周期长、投资回报率低、投资回收期长的特点，要求贷款期限相应拉长。目前，国家对中资企业借用国际商业贷款管理较为严格，这就给中资企业借用国际商业贷款带来了限制，不利于中资企业借用国际商业贷款。

（三）个性化、多样化金融产品的针对性还需提高

沿海发展带来的社会生产和消费模式的改变，导致客户对金融服务的需求向差异化、个性化方向发展。客户提出的金融需求是传统金融产品的变异或者组合，即非标准化的金融产品需求，客户提出的综合性金融需求需要银行提供总体方案和一揽子金融服务。

目前，唐山市金融服务的对象多为本土中小型企业，资金需求单一。沿海发展后，投资主体众多，既有“国字号”“航母级”的投资主体，其需求不以资金为主，要求高质量、差异性的个性化服务；也有各类投资基金、不同投资公司以及形式多样的实体公司，其需求差异更大；还有更多本地发展起来的中小企业，其需求也在随着发展而不断变化。即使同一投资主体的金融需求在不同时期也有较大差异。

四、发展思路

党的十九大报告提出，中国特色社会主义进入新时代，我国社会主要矛盾已经转化为人民日益增长的美好生活需要与不平衡不充分发展之间的矛盾。我国社会主要矛盾的变化是关系全局的历史性变化，对党和国家工作提出许多新要求。过去一段时间，在高杠杆运作下，我国金融不断“脱实向虚”，成为房地位、股市资产泡沫的重要推手。这与我国社会主要矛盾的解决、国家创新发展战略、高质量发展阶段等重大部署形成一定冲突，为此，党的十九大报告指明，深化金融体制改革，增强金融服务实体经济的能力，提高直接融资比重，促进多层次资本市场健康发展。而且，健全金融监管体系，守住不发生系统性金融风险的底

线。为此，未来一段时间，在保证监管质量的前提下，应不断探索金融如何更好地服务实体经济，引导资金源源不断注入实体经济部门。

（一）统筹协调，加快沿海地区金融要素资源集聚

完善金融组织服务体系，要加快沿海地区机构增设，实现国有商业银行县域全覆盖、股份制商业银行城市广覆盖、政策性银行及外资银行区域早覆盖；推进金融网点向产业集聚区布局，优先保证港口所在地、临海乡镇金融服务覆盖；推动村镇银行和小额贷款公司乡镇全覆盖。加强金融资源配置倾斜，要尽力争取将支持服务沿海发展上升到总部战略，争取总行信贷规模倾斜，对沿海分支行给予费用、人力、业务授权等方面的重点支持；要加紧与系统内投资银行、基金公司的沟通协作，尽力争取参与河北沿海发展投融资平台的构建；对重大建设项目，要争取总行直贷、系统银团或直接申请单列规模。强化货币政策工具引导，扩大沿海地区人民银行再贴现窗口权限，加大再贴现限额向沿海地区倾斜，扩大再贴现范围至存款类金融机构；扩大支农再贷款发放对象至县域存款类法人金融机构，拓宽支农再贷款用途至所有涉农贷款，延长支农再贷款使用期限至最长三年，切实增强沿海地区金融机构融资服务能力。

（二）创新机制，提升金融服务沿海发展水平

优化信贷服务流程，要适度扩大沿海地区分支机构的信贷审批权限，适时设立专营服务沿海发展的信贷审批机构，减少逐级审批环节；要加强沿海地区分支机构的业务指导，开辟重大项目审批“绿色通道”，切实提高决策服务效率；丰富金融服务产品，要加大基础金融产品创新，积极探索海域、滩涂、集体土地（林木）使用权以及股权、知识产权、应收账款抵（质）押融资业务，加快推进并购贷款、供应链融资、人民币出口买方信贷等新型业务发展；拓展金融服务方式，要将“融资”和“融智”结合起来，为沿海实体经济提供全方位、多样化的一揽子金融解

决方案；要大力推动直接融资的发展，为企业债券融资、股权融资、信托融资以及产权交易融资提供广泛金融中介服务；积极开展同业合作。要增强合作意识，增进与证券、保险以及金融租赁、信托投资等非银行同业的战略合作，发挥各自专长谋求合作共赢，共同为沿海发展贡献力量；大型银行要探索业务运营模式创新，尝试将小额贷款整体外包方式，化解沿海地区资金短缺与银行机构网点设置不足间的矛盾。

（三）夯实基础，增进沿海地区金融基础设施建设

深入推进支付结算"快通工程"建设，大力改善沿海地区支付服务环境；积极开展授信支票、商业汇票和电子商业票据的试点和推广工作，积极拓展网上支付、电话支付、移动支付等电子支付功能，努力满足沿海地区经济主体日益增长的多层次支付结算需求；加快"中小企业信用信息服务平台"建设，扩大非银行信息尤其是无贷户信息采集，定期择优分类向银行推介企业和目标客户，搭建银企对接长效机制；依托农村经济主体电子信用档案建设，构建以"信用宣传、信息征集、信用评价、信贷支持"为一体的金融支农惠农框架体系。

五、典型案例

（一）"跨境风参"业务助力企业低息国际融资

跨境融资性风险参与业务作为建设银行引进境外资金的载体，是海外分支机构直接向客户（境内企业）发放本外币贷款的一种境内外联动产品。该产品可满足境内企业降低融资成本、拓宽融资渠道的需求。以上述首钢股份迁安钢铁公司业务为例，"跨境风参"业务由唐山建行发起，作为联系境内企业和境外金融机构的桥梁，境内企业与境内银行、境外债权银行共同签订"跨境融资性风险参与合作协议书"，借入跨境融资1450万美元，利率年息1.7%，期限1年，该项融资由唐山建行承担第二性保付（担保）责任。上述融资本金需全部办理意愿结汇，

所得人民币 9620 万元。企业与唐山建行签订 CCS（Currency Cost Swap）产品协议（货币掉期合约，简称“合约”），唐山建行向其总行金融市场部询价，并将合约在国际金融市场售出，后向企业报价，按照约定向企业发放人民币贷款 9620 万元，人民币融资利率 3.915%，期限与上述美元贷款一致。即美元贷款到期后，企业按照约定向唐山建行支付人民币贷款本金及利息，银行“负责”支付到期购汇偿还境外美元贷款本息所需人民币资金。跨境融资借、用、还的过程须符合外汇管理规定。

通过该业务，企业和银行均能得到不少好处。对企业来说，首钢股份公司迁安钢铁公司在签约“跨境风参”业务之前即取得了唐山建行的授信，唐山建行预向其发放人民币流动资金贷款，利率下限为年息 4.568%。续签该项业务，经综合报价后，“间接”取得的人民币贷款年利率为 3.915%，由此企业至少节省 0.653% 融资成本。对银行来说，境内银行作为“跨境风参”业务的发起者，对银行来讲，该业务主要是引入境外成本较低的外币资金用来置换传统的人民币表内贷款业务，由此境内银行除了取得贷款利息收入外，同时获得了担保手续费、“跨境风参”手续费、结售汇等中间业务收入。

（二）唐山金融办外经贸企业帮扶小组提升金融服务内涵

为切实做好金融服务开放型经济新体制综合试点试验工作，唐山市金融办成立了金融支持外经贸企业发展帮扶小组，组长由副主任担任，成员以综合处为主，适时银行处、保险处、证券处参加，并协调中信保唐山营业部、汇丰银行唐山分行负责同志参加。针对企业发展中遇到的融资问题、跨境金融问题，深入企业把脉问诊，提供精准金融服务。

主要工作：一是配合人行推动开滦集团列入河北省首批跨国公司外汇资金集中运营业务试点企业，已经通过审批获得了 5 亿元轧差结算额度，为境内外企业资金流动提供了便利，减轻了企业人力成本负担。目前，在帮扶小组的努力下，开滦正与汇丰银行唐山分行密切接触，进行了境外发债的各项准备工作。二是协调天津银行唐山分行，争取提高华通线缆授信额度。华通线缆是唐山市外经贸骨干企业之一，产品外销过程在中信保进行投保，通过对保单质押进行融资，天津银行唐山分行每年授信 3000 万元，应企业需求，积极协调天津银行增加授信额度，各项工作正在进行中。三是调研中红医疗，支持其利用银行信用证在境外进行抵押贷款融资，降低融资成本，在人民币汇率上升期，在中国香港融资 500 万元，节约了资金成本。四是对接汇丰银行与中信保唐山营业部、开滦财务公司、华通线缆，探索金融对外开放服务企业新路径。金融办将继续做好对外贸型企业的服务，切实解决企业问题，支持其稳步健康发展。

（三）唐山市金融中心助力中小微企业融资

2015 年，唐山金融中心举行集中签约仪式，13 个金融项目集中签约，标志着唐山金融中心正式启动。签约仪式上，唐山金融中心管委会分别与唐山金融发展集团、北京 DRC 工业设计创意产业基地、交通银行唐山分行、平安财险唐山中心支公司、中科招商、中铁如家（唐山）投资管理有限公司、河北润昌律师事务所、唐山天顺工程咨询事务所有限公司等金融机构实现了签约。唐山金融中心是调整产业结构、实现金融业科学发展的必然之举。项目由路北城建投公司开发，位于大里路以东、学院路以西、长虹道以南、翔云道以北，总占地 400 亩。其中，核心区占地 100 亩，规划建筑面积 42 万平方米，计划总投资 30 亿元，主要建设地标式的金融大厦以及高端商务酒店、5A 级写字楼、金融室外运动公园等配套设施，引进银行、保险、证券、信托、金融衍生品等金融机构以及典当、会计、审计等业态。

该项目采取“政府主导、市场化运作”的方式，由路北区政府负责项目的招商、规划、基础设施建设等前期工作。随着业态的逐步成熟，政府将适时退出，按照市场化规则运营中心事务。据了解，一期进驻的中小微企业金融服务中心可谓整个唐山金融中心亮点中的亮点。为有效破解中小微企业融资难、融资贵的问题，该中心组建了全省首家中小微企业金融服务中心，建立起了诚信、司法保障、信用担保“三大体系”及窗口服务平台。金融服务中心成立至今，共为路北、路南、高新各类企业提供融资、担保近 2.5 亿元，在破解企业融资瓶颈方面迈出了可喜的步伐。

金融中心经过历时 3 年的建设和招商，金融产业聚集效果已日趋显现，路北区的金融业税收占比由 3 年前的 11.8% 增加到 19.5%，已经成为全区第二大支柱产业。未来唐山金融中心还将倾力打造唐山市最具前瞻视野、资金最密集、资讯最发达、交易最活跃、配套最完备的金融中心。

（执笔人：朱福林）

专题五

探索开放型经济运行管理新模式

为进一步贯彻党的十八大和十八届二中、三中、四中、五中全会精神，推动落实《中共中央国务院关于构建开放型经济新体制的若干意见》（中发〔2015〕13号），2016年5月，经党中央、国务院同意，决定在济南市、南昌市、唐山市、漳州市、东莞市、防城港市，以及浦东新区、两江新区、西咸新区、大连金普新区、武汉城市圈、苏州工业园区等12个城市和区域开展构建开放型经济新体制综合试点试验。作为地处环渤海重要区位的工业城市，唐山市在京津冀区域协同发展过程中具有重要使命与价值，在区域外向型经济中具有重要引领作用。但受到北京、天津两地虹吸效应的影响，唐山市更须不断突破传统的管理理念与方式，积极开展以“放管服”为主要内容的行政管理体制改革，大力发展开放型经济管理新模式，进一步为经济转向创新型驱动发展、集约化增长释放活力。为此，课题组赴唐山市展开调研，对其在试点过程中探索开放型经济运行管理新模式的做法进行了较为全面梳理与总结。

一、发展现状

（一）不断调整权力清单，构建“互联网+”管理新模式

构建开放型经济体制的重要目标之一就是让市场在资源配置中起决定性作用，为此必须厘清政府权力与责任范围。唐山市结合“放管服”工作的推进，组织各部门对权责清单及时调整修订，及时编制权力运行流程图，及时报审报备与公示公开。唐山市本级纳入行政权力清单编制范围的44个部门，行政权力由4227项削减到1767项，减少2460项，

精简比例为58.19%。在责任清单制度建设方面，坚持“职责法定、权责对等、问题导向、公开透明”的原则，确定40个部门的518项主要职责（不含涉密事项），2712项部门细化责任事项，304项与相关部门有职责边界的管理事项，370项加强事中事后监管的制度措施和304项公共服务事项，并全部在政府门户网站公开。通过明确权力与责任清单，审批事项当场办结率由原来的8%提高到24%，平均办理时限压缩率达到62.4%。

与权力与责任清单相对应的是简化各种行政手续。唐山市全面使用市民服务中心互联网办公模式，一改传统只面对法人机构的做法，在服务中心还增设了与民生休戚相关的服务窗口，方便老百姓一站式生活与生产双重服务。市民服务中心大力推行人性化服务理念，营造亲民、便民及惠民的服务氛围，结合网络提交与现场办理相结合方式，为不同年龄、知识结构层次人群提供相应的习惯方式。将原在发改局、城建局、商务局、社会事务局、安监局、环保局6家区直单位的71项行政审批事项，连同从事行政审批的人员一并划转到行政审批局开展工作。将行政审批事项录入“网上审批、网上监察”系统，确保阳光透明运行，真正实现了“一枚公章管审批”，工作效率得到明显提高。同时，协调工商、国土、规划、质监、公安、消防等派驻单位，进驻行政服务中心开展各项行政审批业务，为企业和群众提供高效便捷的服务。目前，进驻部门或单位41个，进驻事项278项，进驻工作人员400余人，设置办事窗口263个，是唐山市集行政审批、阳光政务、便民服务为一体的综合性“一站式”政务服务平台。

（二）通过商事改革提升营商环境，推行事后事中监管新模式

商事改革是“放管服”工作的重要任务，对提升城市竞争力具有重要影响。唐山市推行工商管理注册资本认缴制，“先照后证、多证合一、一照一码”等改革，零成本注册，降低市场准入门槛。2017年一季度，唐山市核发多证合一营业执照8314个，市场主体达到43.1万

户，同比增长 18.3%；搭建市县乡三位一体的网上审批平台，审批事项当场办结率由 8% 提高到 24%，办理时限压缩率达到 62.4%。

进一步开展了营商环境集中整治行动，努力营造亲商、近商、安商、富商的优良环境，打造“投资在唐山，事事都好办”的唐山营商环境品牌。为精准破解市场主体反映强烈的重点问题，建立问题整改台账，重点开展了入企帮扶、园区发展、政务服务质量提升、治庸治懒等专项行动，唐山市营商环境得以改善，市场主体满意率显著提升。

简政放权并不意味着放任不管，而是由事前审批转身事中、事后监管。唐山市深入推进诚信体系建设，建立完善守信联合激励和失信联合惩戒制度，积极构建以信用为核心的新型市场监管体制。在完善社会信用体系组织建设的基础上，推进信用信息共享平台建设，积极健全信用信息归集、查询、公示机制，规范信用主体的红、黑名单管理，实现唐山市信用信息互联互通、共享共用。建立守信联合激励机制。选树诚信典型，对诚信市场主体进行联合激励，在办理行政许可、行政确认过程中，对诚信典型和连续 3 年无不良信用记录的行政相对人实施“绿色通道”和“容缺受理”等便利服务措施。建立失信联合惩戒机制，对严重失信主体实施行政性、市场性约束和惩戒，在社会形成“守信者荣，失信者耻”舆论氛围。

（三）落实税制行政改革，加强企业“走出去”税务服务力度

地方国税为执行部门，主要是落实国家总局的政策，而本身并无制定政策的权利。唐山市国税局推进行政审批制度改革，按照上级局要求做好取消和下放管理工作，建立健全行政审批和行政许可公示制度，各级税务机关及时整理本单位行政审批和行政许可目录，对目录实施动态管理，并及时在办税服务厅和门户网站的载体公开。确保取消下放发行政审批工作落到实处，不存在法律法规外自行设立、实施或变相实施行政许可的情况，不存在擅自增设条件和增加申请人提交资料的问题。

为帮助有意“走出去”的企业了解国外税收政策，唐山市国税局

从2015年开始，积极采取多项服务措施，建立企业境外投资信息档案，联合地税局召开“走出去”企业政策宣讲会，为“走出去”企业提供及时、针对性服务，解答企业境外投资方面涉税问题，对有特殊涉税业务需求的企业，进行实地走访与全程跟进的点对点服务，协助企业充分享受协定优惠、解决税收争议。此外我们积极开展中国居民赴国外投资税收指南专题研究，全面收集、整理“一带一路”沿线国家的外商投资、税收、金融等信息，为企业“走出去”提供税收政策与实务方面的帮助，提醒企业规避“走出去”过程中可能遇到的涉税风险。

在出口退税环节，主要做到以下四点：一是做好分类管理评定工作，将评定结果运用到日常退税管理中，严格按照要求办理出口退税。二是做好审批权限下放工作。2015年4月1日全部生产型出口企业审批权限平稳下放县区局。目前，各县区出口货物退（免）税工作运转正常。三是做好远程申报工作。依托河北省自主开发的“互联网+便捷退税”服务平台，开展远程申报，截至目前，唐山市共有764户出口企业通过服务平台进行远程申报。四是做好环节制审核工作。严格按照工作规范要求进行单证的审核、核准，在严厉打击和防范出口骗税的基础上，进一步加快退税进度，及时、准确、足额为纳税人办理出口退税。

（四）简化通关流程、提高通关便利化服务水平

海关通关方面，简化进出口企业注册登记，企业可凭统一社会信用代码向海关办理进出口货物报关单申报手续。配合实施“一照一码”“三证合一”，简化材料收取，引导企业及时办理统一社会信用代码变更。目前，唐山海关仅保留4项行政审批事项，同时推行行政审批“一个窗口”改革，实现“一口受理、并联审批、信息共享、限时办结”。2017年1—6月，共办理“一个窗口”审批事项34项，未发生超时限审批事项。

海关行政服务方面，推行“互联网+海关”一体化网上办事平台

上线，60 项具体事项可网上办理。企业通过一体化平台可办理目前全国海关大部分海关服务事项，可通过互联网随时随地办理各项上线的海关业务。同时，平台建立了海关政务服务事项清单，对每一个网上办理事项均公布办事指南，从申请条件、作业流程、办理部门等方面给予明确指引，企业如何办理一目了然，办事标准更加统一。

海关监管方面，结合海关监管实际推进“双随机、一公开”，降低对企业日常经营的干扰。从海关检查对象名录库中随机抽取检查对象，在执法人员名录库中随机选派执法检查人员，依照随机抽查工作细则，增强监管的灵活性，避免重复抽查。

服务企业方面，取消所有进出口环节海关收费，积极落实对查验没有问题的外贸企业免除吊装、移位、仓储等费用政策。取消所有行政性收费，并主动取消全部海关事业单位及所属经济实体经营服务性收费项目。为企业提供“门对门”式个性化监管服务，制定多项便捷通关举措。建立“海关—企业”联络员制度，海关领导亲自带队走访调研，积极了解企业诉求、经营状况，及时通知新政策、新优惠，为重点企业提供“点对点”通关指导，建立“一对一”帮扶关系。实行上门查验、开通 24 小时通关应急热线、节假日预约通关查验等服务，为企业提供通关便利。落实税收减免政策，积极支持企业重大技术装备、关键零部件、工艺优化、节能环保等紧缺技术、资源、产品进口。对唐山市重点项目，指派专人做好咨询工作，加快减免税项目备案及审批办理速度，确保企业充分享受国家税收优惠政策。2017 年 1—6 月，减免税款 2570.86 万元，同比增长 102%。

（五）优化开发区行政改革、发挥开发区经济引领优势

近年来唐山市开发区借势河北省沿海地区发展规划上升为国家战略和京津冀协同发展国家战略实施的东风，实现了跨越式的发展。唐山市现有省级以上经济开发区 18 个，批准建设用地面积合计 612.59 平方千米。其中国家级经济开发区一个，即曹妃甸经济技术开发区；省级以上

高新技术产业开发区 3 个，其中国家级高新技术产业开发区一个，即唐山市高新技术产业开发区；省级物流产业聚集区 10 个；海关监管的综合保税区一个，即曹妃甸综合保税区。2016 年，唐山市省级以上开发区实现了主营业务收入 11737.6 亿元，同比增长 21.5%；固定资产投资完成额 2591.9 亿元，同比增长 25.7%；税收总额 249.1 亿元，同比增长 18.7%；直接利用外资 10.319 亿美元，同比增长 18.5%；规模以上工业增加值和固定资产投资额占到了唐山市的半壁江山，直接利用外资占唐山市的近 70%，多项指标在全省排名中位居第一，特别是主营业务收入首次突破万亿元，并占据全省开发区主营业收入总量的 1/5。开发区作为唐山市经济发展的主力军作用不断凸显。

经过改革，唐山市原有开发区 26 家，经优化整合为 18 家，核定机构 100 个，平均每个开发区 5.6 个。涉及改革的开发区已全部做到机构调整到位、干部配备到位、人员落实到位、人员控制数核定到位。为提高行政审批效率，加速向开发区放权，赋予开发区同级政府相应的经济社会管理权限，向开发区下放、授权或委托部分行政管理事项，按照“国家级开发区、市管开发区、主营收入 300 亿元以上的开发区设立行政审批局”的原则，唐山市共有高新技术产业开发区、海港经济开发区等 10 个开发区设立了行政审批局，形成“集中决策，集中审批，封闭管理”的高效运行机制，实现了“一个中心全覆盖，一枚公章管审批”。截至目前，高新技术产业开发区、海港经济开发区行政审批局已开始正常运转，其他各开发区的行政审批局也正在进一步完善人员配备，力争尽快开始正常运转。唐山市开发区将逐步形成“集中决策，集中审批，封闭管理”的高效运行机制。

二、可复制推广经验

（一）“互联网 + 政务服务”推动“放管服”改革

唐山以国务院部署开展“互联网 + 政务服务”为契机，着眼“提高审批效率、优化发展环境、促进转型升级”，以抓好网上审批工作为突破口和引爆点，搭建起了市县乡三位一体、三级联动的网上审批、网上监察系统平台，为企业经营发展、群众办事创业降低了制度性成本，真正惠及了千家万户、千商万贾，有效促进了大众创业、万众创新，日益成为唐山转型升级、再创辉煌的催化剂和助推器。

第一，加强领导协调。唐山市委、市政府成立了高规格的推进工作领导小组，负责唐山市网上审批系统总体规划、建设、推广实施的统一领导和协调推进，先后35次组织召开网上审批、网上监察部署会、调度会、推进会和末位县区政府一把手约谈会，强力推进各项工作顺利推进。在此基础上，着眼工作无缝链接、环环相扣，坚持明确责任、细化分工、协力推进，对各级组织部门、审改部门（编办）、财政部门、政务服务中心管理机构、电子政务管理机构、监察部门分别承担的职责进行了定位和明确，形成了工作的强大合力。

第二，平台全系统整合。以构建全新智能化、人性化、规范化、标准化、可追溯的互联网政务服务体系为目标，依托政务外网和“权力运行电子监控系统”，对唐山市政务中心网络平台进行全面整合与升级，大力推动融合全流程网上审批、权力运行电子监控、“一表通”办理平台、三级政务服务网络、短信提醒、微信查询等功能的综合审批平台建设，实现了“三统一”（统一使用电子政务外网、统一应用电子权力运行电子监控系统、统一使用审批平台）和“全程网上流转”，做到了高效、统一、便捷、低投入。办事群众和企业申请材料核实后一次性办结，并领取审批决定，大大缩短了时空距离，提高了行政效能。

第三，全方位联通。注重加强网络建设，市、县（市、区）、乡镇（街道）三级各自建立了独立的网站及网上办事大厅，依托电子政务外网实现网络互联互通，市、县两级纪检监察机关及政务服务中心、审改部门及具有行政审批职能部门实现内网互联互通，各相关部门内部网络延伸至具体工作人员岗位，形成横向到边、纵向到底的网络布局。目前，市本级及唐山市 15 个县（市、区）983 个直属部门和乡镇审批网络已全部接通；市本级通过审批系统受理行政审批服务事项 20143 件，办结 19892 件，基本实现了“受理服务零距离、办证质量零差错、服务对象零投诉、办事程序零障碍、法定之外零收费”。

第四，统一基础规范。一是科学确定网上审批事项。按照“除涉密事项和即来即办事项外，所有与企业和群众密切相关的行政许可以及其他公共服务事项必须录入网络系统、实行网上办理”的原则，以各级行政权力清单为基础，核定市本级适合网上审批事项 322 项，县（市）区累计确定 6625 项，乡镇累计 9383 项。二是全部编制业务指导规范。在唐山市推进行政许可和公共服务事项指导规范修订工作的基础上，将行政审批标准与网上政务服务系统有机融合，对各级各类录入网上审批的事项全部逐事项编制业务指导规范，明确每个事项的办理步骤、每个环节的具体经办人和办理时限等。三是精心制作申请示范。根据每个事项的不同特点和审批需要，制作了近百万字的申报表格、示范文本、操作及填写说明等，供群众预览和下载，切实增强了服务的主动性、精确性、便捷性。

第五，统一使用规范。政务服务网络高速路建立起来了，关键是抓好应用，真正让其发挥应有的作用。唐山市扭住重点，严格纪律，强力推进各级各部门实施真正意义的“网上流转”“网上审批”。一是织就“一张网”。明确要求唐山市各级各相关单位必须统一使用“唐山市权力运行电子监控系统”办公软件，相关部门应用专用软件的，要在规定时限内做好对接工作，真正实现上下一张网。二是网上全流转。办理事项网上预受理后，审批职能部门实行全流程网上办理，即审批事项各办理环节必须在办公系统上全环节流转，取消纸介质内部流转，坚决杜绝网上、纸质分别流转的“两层皮”现象发生，真正实现网上受理、网上审批、网上办结。三是突破乡镇这个“真空”。乡镇是三级服务体系的末梢神经，也是服务群众最直接的关键环节，更是整个网上审批工作推进的难点和“盲区”。2016 年，唐山市将主要精力和力量聚焦到“互联网 + 政务服务”向乡镇延伸上，重心下移，精准发力，实质性提升乡镇便民服务中心的服务功能，唐山市 230 个乡镇全部做到“八有”，即“有场所、有设备、有人员、有事项、有服务、有记录、有制度、有监管”。将依申请而为，与群众生产、生活关系密切的所有政务服务事项，全部纳入乡镇便民服务中心和网上审批、网上监察系统，实行“一窗口受理、一平台共享、一站式服务”，切实把首问首办负责制、限时办结承诺制等便民利民服务制度落到实处。同时，扎实开展预约服务、免费代办、上门服务等，实实在在为企业和群众服务，切实打通服务群众的“最后一公里”。乐亭县与阿里巴巴等公司合作，采取“电子政务 + 电子商务”的运行模式，将服务向村级延伸，逐步打通服务群众的“最后一百米”，用市场换投资，用市场换服务，较好地解决了资金、技术、网络等问题，赢得了政务与商务的双赢。

第六，统一管理规范。一是狠抓建章立制。先后制发了《唐山市网上审批、网上监察工作实施方案》《唐山市网上审批、网上监察运行管理规则》《唐山市市本级第一批网上审批事项目录》《唐山市网上审批软件研发工作方案》《唐山市推进政务服务两集中、两到位改革工作实施方案》等，对审批平台建设，如何具体实施网上审批、网上监察等进行全面安排部署。同时，按照“干什么、怎么干、谁来干、什么时间干成、干到什么标准”的要求，对网上审批、网上监察流程作出具体规范，确保了工作推进有章可循、规范有序。二是加强督导问责。对唐山市三级网络建设进展进行定期通报和排名，对每次排名后五位的县（市）区和市直部门，由市政府常务副市长、市纪委书记、市委组织部长 3 名市委常委对其政府“一把手”或行政主要负责同志进行当面约谈。同时，加大监督检查力度，目前已发布网上监察预警提示 232 起，对 37 个市直部门网上审批运行情况开展了 5 项专项检查，发现七个方面 27 个具体问题，对市直单位 3 名违反网上审批规定的工作人员进行了问责追究，有效遏制了“权力任性”和“不作为、慢作为、乱作为”现象发生。

唐山市着眼打造服务政府、法治政府、效能政府和智慧政府，搭建了唐山市统一的网上审批、网上监察系统平台，联通了市、县、乡三级网络，实现了市域范围内符合条件的所有政务服务事项网上运行，优化了发展环境，提升了审批效能，方便了创新创业，改进了工作作风，在唐山加快实现习近平总书记提出的“三个走在前列”“三个努力建成”的奋斗进程中越来越发挥着不可替代的作用。主要表现在：

第一，进一步铸造了唐山投资环境。秉承“让信息多跑路、群众少跑腿”的服务理念，做好“互联网+政务服务”，优化和固化了审批事项办理流程，实施办理事项“135”审批办结制，即除经批准的小部分特殊事项外，其余所有普通事项1个工作日内办结，需要现场勘验等环节的一般事项3个工作日内办结，办理环节较为复杂事项5个工作日内办结，最大限度地实现行政审批项目最少、程序最简、办理最快、服务最优，打造了唐山投资环境品牌。

第二，更大限度地开创工作新风。唐山市搭建的市县乡三位一体的网上政务服务平台，采用人机对话模式的网上审批和网上监察系统，减少了申请人和审批人的接触，同时将4375个廉政风险点、13975项防范措施配置到系统流程中，实现了实时预警、违规叫停，使审批过程更加公开、公平、公正，有效杜绝人情审批、违规审批等腐败现象和“四难”问题的产生。

第三，进一步激发了市场活力。办事企业和群众通过网络就可以在线获知办理行政审批的办事程序、所需具备的条件要求，并在网上办理提交，大大减少了“跑办”次数和咨询频率，为大众创业和企业落地赢得宝贵时间。投资70亿元的京唐城际铁路有限公司、2亿元的唐山钢铁谷有限公司项目，均通过网上审批系统实现了当天申报、当天完成登记注册。截至上半年，唐山市市场主体总量突破40万户，2017年以来新登记市场主体62258户，同比增长51.82%。新开工项目1321个，同比增长28.9%，完成投资1094亿元，同比增长44.7%；其中，亿元以上新开工项目392个，同比增长59.3%，完成投资增长79.7%，为唐山经济转型升级、再创辉煌集聚了发展后劲和不竭动力。

（二）国家开发区深化“放管服”改革取得进展

2015年，河北唐山曹妃甸区行政审批局率先全省试水“一枚公章管审批”，集中整合原来分散在22个审批部门的154项审批职责，42枚公章变为1枚，实现全程“一站式”办理、“一条龙”服务和流水线式审批。两年来，曹妃甸以行政审批制度改革为前沿阵地，不断将“放管服”改革推向纵深。按照一审一核、最多一审两核的原则，曹妃甸区行政审批局把行政审批事项的受理权、决定权和处置权向科室集中，原来的核准权限倒三角分布扭转为正三角，目前全局148项审批事项中，科长终审事项140项，占总数的94.6%，主管局长终审事项8项，占总数的5.4%，并将划转来的审批事项进行归纳重组，重新设计审批流程，经过反复梳理压缩，不断精简环节、提高效率。审批局成立前，企业投资的建设工程项目全链条办理时限为195个工作日，审批局成立后，流程再造将划拨土地项目缩减为95个工作日，出让土地项目缩减为82个工作日。2017年，经过再次整合，划拨土地项目压缩至71个工作日，出让土地项目压缩至58个工作日。

“简政不减责，放权不放任”，曹妃甸通过创新审管分离互动机制、强化事中事后监管保证了简政放权含金量。审管分离，即行政审批局只负责审批，监管则由原来的职能部门负责，明确了审批与监管的职责边界，二者在流程上分离，同时又通过同频共振的互动机制实现无缝衔接，确保监管不留真空，市场活而不乱。目前，曹妃甸区行政审批局8个业务科室的9名联络员与17个监管部门18名监管联络员、86名监管员实现“一对一”精准对接，并将信息交换平台链接到“曹妃甸政务服务在线”网上大厅，为各单位监管人员分配固定账号，审批办理情况及时传送到监管部门，同时建立动态交接台账，审批完成后1个工作日内移交监管部门，实现审批信息共享。

在“双随机一公开”的推行中，曹妃甸建立了市场主体数据库和执法检查人员名录库、《双随机监管清单》和“双随机一公开”工作细则，保证抽查工作规范进行，同时建立完善经营异常名录和“黑名单”制度，一处违法、处处受限，过去以审批为主的准入监管扭转为事中事后监管。

改革启动两年来，曹妃甸以行政审批局为主体，4个政务服务中心为支撑，链接15个场镇为民服务中心和123个村队便民服务站，全面打通了横到边、纵到底、全覆盖的政务服务网络，把与群众生产生活相关的29项审批事项，直接授权场镇服务中心办理，打通服务群众的“最后一公里”。同时，推进“互联网+微信”“互联网+审批”的服务模式，网上政务大厅与实体大厅运行同步、功能互补，权责清单、公开办理事项、法律依据、申请条件、提交材料、审批流程、监督电话等一目了然，实现网上事项申报、审批、查询、咨询、评价和投诉“一揽子”办理。

在曹妃甸区行政审批局，所有窗口实现审批事项“零收费”的基础上，创建了全国首个“免费客户自助服务平台”，为办事人员免费提供文件复印、扫描、下载、在线修改以及收发传真等服务项目，每年为项目单位和办事群众节省印刷及往返交通费200余万元，办事成本降低了，“一次办结率”也大幅度提高。

为让业主集中精力抓运营、抓建设，曹妃甸区行政审批局组建了代办员队伍，推行重点项目和为民服务全程代办。2017年以来，还探索试行“一窗受理”模式，变业务窗口为综合窗口，实现“一窗受理、接办分离、后台流转、集中送达”，最大程度减少服务对象等待时间。

2017年上半年，曹妃甸区新增各类市场主体2639个，同比增长6.36%，目前全区共各类市场主体较审批局成立前增加79%。

三、主要问题与制约因素

（一）唐山市探索开放型经济运行管理新模式面临的问题

第一，路径依赖致使增长方式积重难返，工业化发展思维已成惯性，导致对其他新兴产业发展关注与培育不足。长期以来，唐山市形成了以工业主导的经济结构，工业在拉动唐山市国民经济及提高人民生活水平方面发挥了重要作用。但一些重工业、化工业投资容易造成空气污染、边际投资效率下降等问题，而且过度挤占有限产业发展基金产业从而不利于新兴产业、新贸易模式、新增长方式的发展壮大。

第二，在探索开放型经济体制过程中，唐山市各部委局办都能很好地领会并积极配合，实体经济部门也能通过此次探索在推进过程中带来的诸多好处，大大加快了一些主管部门对开放型经济体制建设的重要性认识。但相对于东部发达省市而言，个别部门还存在传统体制下等、靠、要等惯性思维，导致无法意识及充分挖掘自身良好的、现有的区位及产业优势，从而造成一种不利于区域争先的思维障碍。

第三，融资难、融资贵仍然是中小、民营企业面临的问题，还需进一步尝试体制上的突破，虽然政府做了很多努力，但由于顶层设计及具体操作细节还未明确导致面向中小微企业的金融服务体系很难建立。现实中，尤其是中、小微企业的信誉度普遍不高，交易要求使用现金结算，加剧了中小企业的资金紧张。中小企业不得不通过民间融资渠道缓解导致融资成本的不断上升。由于市场不景气，某些行业的企业经营压力较大，争取银行机构授信额度困难，为满足资本需求、维持企业正常运营，只能转向高利率的融资租赁公司，进一步加剧了经营压力。另外，有些时候银行采用“以价抵量”的形式，提高贷款利率上浮水平，增加企业担保成本和理财费用。

（二）探索开放型经济运行管理新模式的制约因素

在各部门的努力下，唐山市在构建开放型经济运行管理模式方面取得较为不错的成绩，通过行政审批改革、缩减不必要的办事流程为实体经济的发展提供了更为优越的营商环境。但在推进开放型经济体制过程中，由于多方原因还存在一些有待改进的地方。

第一，试点工作由于地方权限不足导致改革不充分、不到位。试点地区并未被赋予和自贸区等改革试验区同样的权限，地方政府主动作为的空间小，不利于其积极性和创造性的发挥。在现有法律和法规框架内进行的改革，许多没有触及本质，因此只能浅尝辄止，一些新探索、新做法往往因为风险顾虑或者与现有法律政策不一致被叫停。中央与地方高效融合、合力推进改革试点的体制创新，未得到有效解决。

第二，地方简政放权存在掣肘。在试点工作进行中，省、市简政放权对基层的实际承接能力考虑不充分，一是没有将与“事权”匹配的“财权”和人员编制同步下放，出现权力下放的“权力瘦身、编制不瘦”等现象，有的以下放代精简，大量下放事项无办理量。二是存在一些市级没有权力废止的滞后法律法规，影响行政效率。

第三，与北京、天津相比，由于在产业基础、政策环境、生活配套等宏观因素存在一定差距，唐山市受到两地巨大虹吸效应的影响，从而导致人才难以形成聚集优势。唐山市发展面临最大的问题之一在于高端专业人才严重不足，外部人力资源相当匮乏，从而影响了相关产业的发展层次提升，造成经济转型动能不足的局面。

四、发展思路

2015 年 5 月，中共中央、国务院发布了《关于构建开放型经济新体制的若干意见》（以下简称《意见》）。《意见》是党中央、国务院关于统筹部署构建开放型经济新体制的指导性文件，是落实四个全面战略布局的重要举措。《意见》明确了构建开放型经济新体制的基本原则、总体目标和重点任务，突出体现了战略性、系统性和可操作性，是当前和今后一个时期我国对外开放领域的纲领性文件。

党的十九大报告提出，中国特色社会主义进入新时代，我国社会主要矛盾已经转化为人民日益增长的美好生活需要和不平衡不充分的发展之间的矛盾。为此，我国将通过建设现代经济体系、供给侧改革来解决这一矛盾，通过创新驱动发展实现由高速增长阶段转向高质量发展阶段的过渡。这一重大理论认识的转变对政府管理运行效率，对政府提供更高质量的公共服务、经济更大程度的开放均提出更高要求。而构建开放型经济体制正好切合新时代发展需求，需要进一步大力推进。

（一）总体思路

第一，加强部署、强调落实。新的开放蓝图已经绘就，关键是要真抓实干，切实将党中央、国务院的有关部署落实到位。既要抓紧做好工作，又要以科学的态度客观审慎地处理有关开放的重大问题。

第二，高度重视、深刻领会。要从全局和战略高度，深刻认识构建开放型经济新体制的重大意义，将思想和行动统一到党中央、国务院的决策部署上来，加强组织领导，落实工作责任，完善工作机制，精心组织实施。

第三，统筹协调，细化方案。扩大对外开放中涉及领域、部门众多，需要从全局出发，统筹推进。根据《意见》要求，各地要抓紧提出符合本地区特点和实际的实施方案，相关部门要研究制定本行业本领域的相关落实措施。同时，要按照中央全面深化改革的统一部署，抓紧研究有关任务的具体落实方案，推动各项任务取得实实在在的进展。

第四，先行先试，以点带面。在落实工作任务时，要注重顶层设计与地方实践的结合，一些重要工作要试点、试验，及时总结推广；有关任务要认真分解，明确责任主体；要科学研究各项任务的路线图、时间表，扎实有效推进。

第五，解放思想，稳妥审慎。开放工作事关全局，既不能畏首畏尾、举步不前，也不能仅凭工作热情、一厢情愿。有关举措的提出，是建立在对国情世情科学分析的基础上的，既体现了坚持深化对外开放的坚定信念，又体现了符合当前实际、循序渐进的科学态度。我们在贯彻落实的过程中，要坚持辩证唯物主义的方法论，将推进更高水平的开放和构建更加完善的安全保障体系有机结合起来。

（二）具体建议

1. 针对唐山市开放型经济体制构建的建议

第一，在保持好工业优势、不断优化工业结构的同时，努力挖掘自身技术、港口、旅游资源等优势大力发展第三产业及现代服务业，进一步培育与孵化服务外包产业基础，并与北京中关村形成密切对接，在京津冀协同发展大背景下主动承接北京 IT 等高新技术产业转移。

第二，进一步加强政府主管部门的主观能动性，逐渐摆脱传统上被动思维，深度挖掘区域优势并扩大宣传与影响力，加强与发达地区的交流与学习，借鉴其他地区好的开放发展经验，通过市委、省委努力不断争取先行政策，充分发挥地方能动性。

第三，对有产品、有信用、有发展前景的中小企业，要降低收费标准，减轻企业融资成本。要帮助企业加强与银行沟通，争取予以适当展期，或由短期贷款转为中期贷款，以实现续贷续保，帮助企业解决融资困难。加大引进管理人才和高新技术人才，政府出台相应的优惠政策和奖励机制为企业提升向更高层次发展服务，使企业发展与行业技术更新更具后劲。

2. 国家层面的进一步推进思路建议

第一，扩大先行先试权限，力争将自贸试验区政策覆盖到试点城市和地区。试点城市和地区作为开放型经济新体制先行先试的试点区，应有更大的主动作为空间，在更大范围、更宽领域进行全方位、多角度的机制和模式探索创新。

第二，建立试错、容错和纠错机制。试点重在“试”，一是复制推广成功的经验和模式，二是进行制度创新和探索。有“试”就有可能出错，试点成效显现的过程同时也是一个试错的过程。机制、模式等制度创新本身就存在一定风险，需要不断总结经验和教训。应建立试错机制和鼓励创新免责、容错纠错的考核评价体系，为先行先试提供法律保障。

第三，对有产品、有信用、有发展前景的中小企业，要降低收费标准，减轻企业融资成本。要帮助企业加强与银行沟通，争取予以适当展期，或由短期贷款转为中期贷款，以实现续贷续保，帮助企业解决融资困难。加大引进管理人才和高新技术人才，政府出台相应的优惠政策和奖励机制为企业向更高层次发展服务，使企业发展与行业技术更新更具后劲。

第四，延长试点工作时间，以保证试点工作的完整性和新的经验和模式的可靠性。目前试点定为两年时间，造成一些试点工作完不成的情况。同时，新的机制和模式要运行一定时期，并通过不断调整和改进，成效才能充分显现，在短时间内经验总结不足，会影响其复制推广效果。

第五，不同开放型试点城市具有不同特色的产业集群、技术与文化优势及历史传承，允许试点城市在这些具有优势的行业和产业多闯多试，从国家层面给予相关产业发展的特殊的政策支持。通过在试点城市某产业的政策突破效果，进一步考察是否应用至全国。

第六，建议从国家部委层面尽快实行部门之间的信息联通，构建部门信息共享平台，为事后事中监管提供信息方面的便利支持。目前由于信息在部门之间仍存在很严重的阻隔，因此部门之间很多信息不能共享导致信息不能及时服务于开放型运行管理新模式。

五、典型案例

（一）努力打造服务型政府，切实做好“放管服”改革——唐山市民服务中心

在市委、市政府科学谋划、统筹安排下，唐山市决定将世园会综合展示中心改造成唐山市民服务中心（以下简称中心），并于2017年1月22日正式投入使用。唐山市民服务中心A区，现有建设面积21684平方米，进驻部门或单位41个，进驻事项278项（其中行政许可事项132项），进驻工作人员400人左右，设置办事窗口263个，集行政审批、阳光政务、便民服务为一体的综合性“一站式”政务服务平台。

唐山市民服务中心的244项事项细化拆分为346项，并将其划分为“即来即办事项”“1日内当场办结”“3日内窗口办结”“5日内协调办结”四大类。经梳理，346项事项中，除26个事项外，其余均按要求纳入了“135”审批完结制度。其中，即来即办事项44项、1日办结事项19项、3日内办结事项92项、5日内办结事项165项，审批事项当场办结率由原来的8%提高到18%，平均办理时限压缩率达到62.4%。同时，按照政务服务中心标准化建设和“135”审批时限的要求，对进驻中心的244项（拆分后346项）事项，从设定依据、申请条件、申报材料、审批流程、审批权限、审批时限、收费情况等方面逐项编写了《业务指导规范》，并在办事窗口、网站上对外公开，真正做到了行政审批事项办理标准化，真正实现了流程最优、程序最简、时限最短。

中心委托北京邮电大学开发出一套方便快捷的办公网站，企业或个人实名注册后登录即可享受到网上咨询、网上预约、网上办事等多种服务。中心实行网上限时审批监察制度保证了各项事务得到及时办理。在网上成功提交全部材料后，经网上审核通过后现场确认直接办结，实现

“最多跑一次”的改革目标。对于不符要求的材料，实行一次告知原则。市民在网上可下载相关文本模版，方便制作各自所需文件。通过不断完善服务功能，唐山市民服务中心成为“进一扇门、办百家事”综合政务服务大厅，成为唐山市建设法治政府、服务政府的重要标志，成为党和政府联系群众、服务群众的重要纽带，成为市政府各部门展示办事效能和机关形象的重要窗口。

为配合“放管服”改革目标、进一步释放活力及方便群众，唐山市民服务中心根据事务的不同类型采取了不同的运行模式。具体包括：

即时办理。对程序、条件简单，申办人提供完整资料就可以办理的事项，应当即时办理。

限期办理。对不能即时办理的事项，由进驻政务服务中心窗口在法定或承诺期限内办结。不能办理的，向申办人说明理由。

并联审批。涉及两个及两个以上部门的事项，由首办“窗口”负责受理并牵头协调有关“窗口”在法定或承诺期限内办结。不符合有关条件的，向申办人说明理由。

网上申办。对可以通过互联网申请办理的，申办人可以利用政务服务中心网站申请办理，系统自动将办理结果通过网站、手机短信等形式适时通知申办人。申办人还可通过票号查询办事流程。

会议联审。固定资产投资项目由市行政审批管理办公室负责召集相关“窗口”单位参加的施工图联合审查会议，集中审核，联合办理。通过固定资产投资联合会审，可以实现透明高效、杜绝桌下交易、避免后期某一部门无法通过而导致之前工作前功尽弃，造成时间与精力上的无端浪费。

其中，固定资产投资项目联审制度的推行已持续多年，这项措施有利于各部门协调推进、压缩周期、防止损失、增加透明、加强监督等，可以避免出现前几项事项跑完之后由于后期某一项存在冲突导致前功尽弃的尴尬局面，因而取得了相关投资者的广泛好评。

（二）曹妃甸区打造政务服务“升级版”新模式

唐山市曹妃甸区深入贯彻落实京津冀协同发展重大战略思想，把京津冀协同发展作为长期的战略任务来实施，不断加大“放管服”改革力度，秉承“马上就办、办就办好”的工作理念，围绕“环节最少、流程最短、效率最高、服务最优”的目标，在行政审批制度改革和审批局建设中进行探索。通过简化流程、减少环节提高审批效率，取得明显成效。

以改革为抓手，在集中审批的基础上，进一步创新审批模式和再造审批流程。一是按照一审一核、最多一审两核的原则，调整核准权限，由原来的倒三角分布变更为正三角分布，目前全局159项审批中，科长终审事项152项，占总数的95.6%，主管局长终审事项7项，占总数的4.4%。推进“两集中、两到位”，重点把国土、规划等与项目建设相关的部门审批科室成建制进驻政务服务中心，重新设计了审批流程，把工业类建设项目开工前手续办理时限由法定的485个工作日，压缩到90个工作日内。二是开辟行政审批绿色通道，探索实施容缺受理和模拟审批，在项目具备基本审批条件和核心要件的情况下，先上车后买票，项目单位在限期内补齐相关材料。两年来，共有40个项目通过容缺受理或绿色通道加快建设。2016年，在北京曹妃甸职教城项目一期工程建设中，仅用了1天时间，就为北京职业技术师范高等专科学院、北京中瑞护理职业技术学院、华北汽车技术管理学院三个项目办理了建设工程施工许可证，比原计划缩短了3个月。三是深化商事制度改革，在“八证合一、一照一码”的基础上，继续探索“多证合一”和“审核合一”等高效便捷的方式方法。实施京津冀企业整体搬迁来曹的“落地签”，目前北京东邦门业等6家企业实现快速入驻；落实负面清单和市场准入审批清单，推行“同城登记”“集群注册”，探索企业简易注销改革、登记管理全程电子化，放宽市场主体住所登记条件、推广“电子营业执照”，大力支持新业态市场主体、科技创新市场主体发展。截至目前，行政审批局共受理行政审批事项 50598 件，办结率 100%。审批局成立前，全区各类市场主体为 10567 户，目前全区各类市场主体为 19726 户，两年来新增市场主体 8402 户，增长了 79.51%。

（执笔人：朱福林）

专题六

探索形成各类开发区（园区）协同开放新机制

一、发展现状

唐山市现有省级以上开发区 18 个，商务部、商务厅管理的省级以上经济开发区 15 个，国家级经济开发区一个，即曹妃甸经济技术开发区，省级经济开发区 14 个。科技部、科技厅管理的省级以上高新技术产业开发区 3 个，其中国家级高新技术产业开发区 1 个，即唐山高新技术产业开发区，省级高新技术产业开发区 2 个。全市开发区批准建设用地面积合计 612.59 平方千米。2017 年上半年，全市各开发区实现主营业务收入 7130.83 亿元，规模以上工业增加值 916.91 亿元，税收 166.39 亿元，固定资产投资 1354.36 亿元，直接利用外资 51120 万美元。

2012 年至今，全市开发区在仅占全市不到 5.6% 的土地面积上，累计完成主营业务收入近 43000 亿元，税收超过 1000 亿元，固定资产投资超过 9200 亿元，直接利用外资近 41 亿美元，引进省外资金超过 2400 亿元。特别是近两年来，随着省委、省政府和市委、市政府对开发区发展高度重视，全市开发区借势河北省沿海地区发展规划上升为国家战略和京津冀协同发展国家战略实施的东风，实现了跨越式的发展。2016 年，全市开发区完成主营业务收入 11737.6 亿元，标志着唐山市成为全省首个开发区经济总量突破万亿大关的城市；主营业务收入、税收、固定资产投资、规模以上工业（服务业）增加值（营业收入）、直接利用外资等主要经济指标基本保持了 20% 的年增长率。各开发区按照 2017 年唐山市市委书记焦彦龙提出的“把省级以上开发区（园区）打造成为唐山市招商引资、项目建设、产业聚集主战场”的要求，抢抓机遇、增比进位，真正成为全市“转型升级，再创辉煌”新引擎，经济又好又快发展的增长点。

二、主要经验做法

（一）开发区优化整合

为从根本上解决开发区发展“小而散、无序化”的局面，唐山市对开发区进行了优化整合，重点把握了三个原则：**一是坚持顶层设计。**围绕全市经济社会发展战略目标，统筹谋划。综合考虑各开发区发展需要和区位条件、产业基础、环境承载能力等因素，因地制宜地编制各开发区产业发展规划，明确各开发区发展方向，形成布局合理、功能明晰、产业互补、错位发展、功能协调的发展格局。从宏观角度实现开发区发展与全市社会经济发展的总体思路相吻合。**二是着眼加快发展。**核心目标是提升开发区的发展建设水平和整体竞争力，打造成为区域经济的核心驱动力。本着“项目向园区加速聚集”的原则，将新建的工业项目全部落户在开发区里，原有工业项目逐步向开发区内搬迁；引导开发区调整产业结构，将招商引资的重心向高新技术、现代服务业等产业转移，进而加速改变唐山市产业结构偏重、能源原材料工业占比较大的现状。**三是优化空间布局。**根据唐山市“依山傍海”的地理特点，依托唐山丰富的资源优势和临港的产业优势，围绕发展较为成熟的城市经济和县域特色经济，将全市开发区按照城市经济、沿海增长极、县域经济划分为三大板块，明确每个板块发展定位。三大板块实现错位发展，形成优势互补，资源配置更加合理、布局结构趋于优化、产业发展更加协调的新格局。

（二）深化体制机制改革

开发区优化整合后，迅速改进开发区的领导体制，调优配强领导班子，强化开发区必要的经济社会管理权限。强力推动了开发区在机构编制管理改革、行政审批制度改革、人事和薪酬制度改革以及投融资平台建设四个重点方面的改革。

首先，**深化机构编制管理改革**。高新技术产业开发区、海港经济开发区2家市管开发区党工委书记，分别由市委副书记和副市长兼任，县（市）区管理的省级开发区党工委书记、管委会主任，全部由开发区所在县（市）区委书记、县（市）区长兼任，更加有利于开发区的工作协调，推动了开发区的经济发展。

其次，**推进行政审批制度改革**。加速向开发区放权，赋予开发区同级政府相应的经济社会管理权限，向开发区下放、授权或委托部分行政管理事项，目前，高新技术产业开发区、海港经济开发区等10家开发区已设立行政审批局，形成了"集中决策，集中审批，封闭管理"的高效运行机制，实现了"一个中心全覆盖，一枚公章管审批"。

再次，**深化人事和薪酬制度改革**。2017年4月6日，唐山市开发区改革发展领导小组印发《关于加快开发区人事和薪酬制度改革工作的指导意见》（唐开字〔2017〕1号）。截至目前，唐山市高新技术产业开发区、海港经济开发区等6家开发区已不同程度完成人事薪酬制度改革工作。

最后，**强化投融资平台建设**。唐山市印发了《支持开发区融资发展政策措施实施方案的通知》，明确了各县（市）区的主体责任，凝聚部门合力，积极推动全市开发区搭建投融资平台。目前，唐山市18家开发区，已全部设立具备独立法人资格的投融资平台。通过改革，唐山市开发区强化了干部配备力度，实现了机构设置合理，薪酬制度科学，融资渠道通畅。

（三）加强督导考核

市委、市政府成立了由市政府主要领导任组长，市委、市政府有关领导为副组长，相关部门主要或分管负责同志为成员的开发区改革发展领导小组，出台了《唐山市省级以上开发区（园区）经济发展水平考核评价办法》（以下简称《办法》）。《办法》按照上一年度的主营业务收入将开发区划分为三大类，分别制定了 20%、25%、30% 的主要经济指标年增幅目标，每年进行排名，本着奖优罚劣的原则，对排名前三位的，给予通报表彰奖励；对排在后三位的，进行约谈警告，连续两年的，向市委常委会做出检讨说明，连续三年的，进行组织人事调整。每月由分管副市长主持召开一次调度会，研究解决各开发区改革发展中的实际问题；每 2 个月由市长主持召开一次调度会，研究解决开发区改革发展中的重大问题。同时为了对开发区发展建设的动态情况进行及时监督，每月对全市开发区的主要指标情况进行一次排位，结果向全市通报；每半年召开一次开发区项目观摩会，每年召开一次开发区工作会议。

三、取得成效

（一）优势资源更加集中

通过优化整合，原来隶属同一县（市）区管理的开发区优化整合为一个，通过“区中园”的模式，实现差异化竞争和错位发展、特色发展，避免了项目建设同质化和招商引资中的相互竞争。整合后的开发区在招商引资和项目建设中实现了统筹规划，原开发区之间的“竞争”关系转变为“合作”关系，在“一区多园”的模式下，原有几个开发区的优势被进一步叠加放大，资源要素得到了更科学的分配，招商引资的吸引力更加显著。

（二）产业特色更加鲜明

各开发区按照链条完整、特色鲜明的发展思路，从各县（市）区发展实际出发，不断提高开发区核心产业的聚集能力，坚决避免产业趋同，打造了一批对经济发展具有重要引领和支撑作用的产业集群和产业基地。其中，唐山高新技术产业开发区致力于发展高新技术产业，突出打造了国家火炬计划焊接产业基地和机器人产业基地、京津冀石墨烯孵化和产业化基地，丰润开发区突出打造国家高速动车组高新技术产业化基地，海港开发区突出打造新型化工产业基地，南堡开发区突出打造中国海洋化工（南堡）产业基地，芦台开发区、汉沽开发区对接天津突出打造“津冀协同发展示范区”，曹妃甸经济开发区突出打造京冀曹妃甸协同发展示范区，开平开发区突出打造高端装备制造产业园等，都已形成了一定的规模优势，聚集能力和品牌效应正在显现。

（三）项目建设提质提速

截至2016年底，开发区中已入驻的世界500强企业、国内500强企业和央企达到74家，规模以上企业达到775家，主要经济指标分别占到全市的一半以上；2016年全年新开工项目359个，计划投资额2259亿元；投资10亿元以上的新开工项目达到43个。全市304家外资企业中有223家坐落在开发区内，全年利用外资项目达到54个，其中到位外资超千万美元的外资项目25个。2016年，全市开发区完成主营业务收入11737.6亿元，同比增长21.5%；固定资产投资完成额2591.9亿元，同比增长25.7%；税收总额249.1亿元，同比增长18.7%；直接利用外资10.319亿美元，同比增长18.5%。规模以上工业增加值和固定资产投资额占到了全市的半壁江山，直接利用外资占全市的近70%，多项指标在全省排名中位居第一。

四、主要问题与制约因素

随着经济的发展、社会的进步，开发区除了承担较重的招商引资、项目建设等重要任务外，社会行政管理职能日渐凸显，高端人才相对匮乏，存在的一些问题不容忽视。主要表现为：**一是抓经济发展精力不够集中**。市管开发区人员少，但都承担着社会职能，“五脏俱全”，社会事务性工作过多、过繁，安全、维稳工作量大，造成人员精力分散。二

是高端人才集聚效应不明显。受京津对高端人才虹吸效应影响，唐山市开发区高端人才较少（如国家千人计划专家1人，万人计划专家2人），不仅掣肘开发区高端人才的创新创业，一定程度上也影响了开发区经济发展的质和量。

五、发展思路

继续深入推进“放管服”改革，建立权利和责任清单，通过信息公开和集中统一，建立起高效透明的执法体系和事中事后监管体系。

希望中央有关部门能够将食品、药品、医疗器械等特殊企业生产的异地监管部分试点向全市开发区拓展，进而实现全覆盖推广。例如唐山市的滦南县北京（滦南）大健康产业园，已被国家食药监总局确定为保健品产业转移异地监管区。异地监管互认的推广，为在京企业向唐山市开发区转移，提供了政策方面的保障和信心，能够进一步发挥唐山市在京津冀协同发展中的地缘优势，将唐山市开发区真正打造成为京津冀协同发展中的重要平台，吸引更多北京企业到唐山的开发区进行二次创业发展，真正发挥唐山市开发区疏解北京非首都功能作用。

六、典型案例

（一）行政审批改革添活力

唐山高新技术产业开发区，位于唐山市主城区北部，辖4.5平方千米，是唐山市外资企业最密集的区域，也是全市乃至全省重要的自主创新基地。历经20多年的开发建设，这里已经建成了中国第一、世界前六的焊接产业基地和国家火炬计划机器人产业基地，培育了焊接、机器人、汽车零部件、智能仪器仪表、新材料和新型建材等特色产业，集中了唐山市50%以上的高新技术企业和90%以上的软件企业，在引领全市转型升级、创新驱动方面发挥着重要作用。为破解制度障碍，发挥引领作用，加快发展步伐，唐山高新区先行先试，在行政审批改革方面取得重大突破。

1. 主要做法

一是成立高效行政审批局。行政审批局是高新区推进深化改革工作，加快推进相对集中行政审批权改革的重要举措。2016 年 7 月，唐山高新区成立了行政审批局，按照审管分离、权责对等的原则，将发展改革局、商务局、城市建设管理局、社会事务局、环境保护局、安全生产管理局 6 个管委会直属部门的 71 项行政审批事项统一划转到行政审批局，投资 100 余万元，建成 370 平方米的行政审批大厅，依托行政服务中心审批大厅，开展集信息咨询、办证审批、行政管理、跟踪服务等为一体的"一站式"办公服务，形成"前台统一收件、后台分类审批、统一窗口出件"的模式，实现"一枚公章管审批"的工作格局，从而实现"清单之外无权力、大厅之外无审批"的改革目标。

二是确定详细行政审批事项。经过上下衔接，梳理汇总，将原由高新区管委会直属机关承担的 71 项行政审批事项划转到行政审批局，交由行政服务中心内设机构进行审批。同时，高新区行政审批局将接收的 71 项行政审批事项，全部录入到高新区"网上审批、网上监察"系统，通过网上系统受理、办理审批，实现对审批过程网上监察。

2. 实践成果

高新区行政审批局打破按照政府职能部门设置审批窗口的常规模式，内设项目投资建设部，以审批项目建设类别进行区分，将类别一致、职能相近、流程相通的审批项目设置在同一部门，推行多种业务一个部门审批制度，实现一岗多能、一人多能，从"进多个门、办一件事"转变为"进一个门、办所有事"。每一项划转至行政审批局的事项，均来自经过梳理、精简、确定的权力清单，建立了以权责清单为核心的集中高效审批模式，实现了"一枚公章管审批、一个中心全覆盖"。打造出审批事项最少、要件最简、流程最优、时限最短，具有高新特色的服务品牌，对提高行政审批效率，加快高新区建设起到积极的推进作用。

唐山市高新技术产业开发区行政审批制度改革的成功，释放了开发区改革的强大动能，优化了营商环境，激发了企业活力，增强了企业和群众改革的“获得感”。下一步，唐山高新区将继续在行政审批制度改革道路上深入探索，同时借鉴全国先进经验做法，坚持改革不停步、增实效，把能取消的全部取消，进一步提高审批效率，切实为市场主体“解绳松绑”，为全市开发区改革发展增动力、添活力，为把唐山建设成国际化沿海强市做出新的更大贡献。

（二）优化整合激发活力促进发展

玉田经济开发区按照河北省政府《关于唐山市开发区优化整合方案的批复》精神，将原有2个省级开发区优化整合成河北玉田经济开发区，合并后面积达到34.55平方公里。截至目前，玉田开发区共有高新技术企业27家、省级企业技术中心13家、市级企业技术中心7家、省级工程实验室3家，高新技术企业数量在全省150个开发区中排在前10名。

1. 主要做法

一是科学合理配置机构。以开发区改革为契机，调整内设机构、理顺管理权限，形成协调联动、一体发展的新格局，更科学地配置力量，有效促进政策、土地、资金、产业、技术、人才等资源集聚、要素集约、功能集成。秉承“入区之时做保姆、建设之中做助手、投产之后做保镖”的理念，按照“资料齐全、一日审批”的标准，大幅削减行政审批流程，解除“多头跑、时间长、审批繁”的行政羁绊，进一步激活开发区发展潜力，让企业分享改革红利，确保早开工、早建设、早投产、早见效。

二是着眼整体规划布局。玉田经济开发区是唐山距离北京最近的开发区，具有良好的区位和交通优势。为将毗邻京津的优势进一步放大，科学编制开发区总体规划和控制性详规，为开发区项目引进、产业发展指明方向。针对承接北京产业转移，量身规划建设了北京锦尚高德家具产业园、北京建材产业园、唐山钢结构产业基地等特色产业园区，极大地提升了项目承载能力。截至目前，已吸引在京转移项目 18 个，总投资达 37. 52 亿元，可年实现产值 46. 65 亿元，上缴税金 2. 1128 亿元，带动就业 3950 人。

三是构建完整的产业生态。以现有产业为依托，进一步延伸产业链条，优化产业结构，促进产业集群发展。依托国家“城市矿产”基地，引进投资 6. 6 亿元的香港易高秸秆综合利用、投资 6 亿元的北京新嘉科华废旧橡胶回收利用等一批循环经济项目，完善上下游资源配套，在补齐短板把产业链做长的同时避免了重复竞争，形成劲儿往一处使，力往一处用，优势互补取得成效。

2. 实践成果

玉田经济开发区通过优化整合，发展空间更为广阔，通过把交通道路、产业布局、公共配套等要素列入通盘考虑，进一步激发了开发区活力。在全省开发区综合发展一季度排名中，固定资产投资完成 17. 4 亿元，同比增长 74%，总量和增长率在全省 150 个经济开发区中分别排名第 34 位和第 15 位；实际利用外资 810 万美元，总量和增长率在全省分别排名第 15 位；出口总额 2. 48 亿元，同比增长 50%，总量和增长率在全省分别排名第 27 位和第 24 位。2017 年一季度就新增入统 5 家规模以上工业企业，得到了唐山市委市政府的充分肯定。

下一步，玉田经济开发区将进一步完善行政审批制度改革，优化开发区软环境，依托科学的规划和发展定位，为企业入区发展开拓更加便利和广阔的空间；通过推动人事薪酬制度改革激发开发区内生活力，以市场化的方式为开发区的项目建设和招商引资注入新动力；围绕龙头企业进一步完善产业生态集群，延伸产业链，形成规模效应，培育龙头企业做大做强。

（三）记录仪激发开发区项目建设大提速

为了让“投资到滦县，事事都好办”的发展环境品牌更加亮丽、让行政效能进一步提升，滦县县政府在推行项目全程代办制度的过程中，滦县开发区创新实施了让项目代办员兼任作风监督员、全程使用记录仪摄录项目手续办理实况的做法，推动了行政审批效率，进一步加快了项目手续办理速度。

1. 主要做法

一是通过记录仪客观记录推进“阳光审批”。为了解决投资者对于项目业务办理的流程、要件不熟悉，不容易发现审批过程中问题的难题，滦县县长于2016年6月提议在滦县经济开发区率先实行了代办员佩戴记录仪，全程跟进项目进展并监督行风的办法，即县政府对聘任的5名代办员均配发“项目审批代办员证”，方便他们开展项目审批代办服务工作。同时，县纪委为代办员配发“作风监督员证”，配置记录仪，赋予其对部门、窗口以及审批服务工作人员的作风实施监督的权利。客观记录，解决了以往很难摸清谁在只说不干、谁在不说实干的问题；由开发区代办员持有“作风监督员证”全程跟进记录项目进展并监督行风的办法，大大提升了工作的速度和规范化，进一步优化了滦县的投资软环境。

二是县长真察真看，促使各环节效率的迅速提升。一台小小记录仪，之所以能提升行政审批效率，其关键在于县长在每次项目调度会上都要先看记录仪记录下的镜头，察看哪个部门办得快、哪个部门拖着不办。正是因为县政府主要领导透过作风看效能、通过效能抓项目和发现干部的举动，才激励了审批人员以更高的热情投入工作之中，从而提升了手续的办理效率。“通过执法记录仪这道‘紧箍咒’，建立了审批工作人员在录像监督状态下开展工作的‘新常态’。”滦县政务服务中心主任王春苏说，录像还将作为对审批部门考评的重要依据，进一步形成了倒逼机制。

2. 实践成果

代办员长期帮助项目单位办理审批手续，对各部门、审批各环节监督起来更加专业，培养了一批专业人员，大大提高了行政审批效率，尤其是具有了服务代办和作风监督双职能的代办员配备集录音录像、拍照、定位功能于一体的记录仪后，客观、真实地记录了每个重点项目审批过程中的工作情况和相关证据，借助现代科技推进了“阳光服务”。

县政府主要领导的真抓真督，也让行政审批效率迅速提升。哪个部门办得快、哪个部门拖着不办，在每次项目调度会上县政府主要领导都要先看记录仪记录下的镜头，现场集中协调解决存在的问题。此举，省略了以前逐级汇报、表面承诺等时间和程序，直接大大缩短了滦县在项目审批、手续办理过程中的时间，更加激励了审批人员以更高的热情投入到工作之中，从而提升了手续的办理效率。

行政审批制度改革是一场深刻的效能革命，是滦县开发区经济发展的主要内生动力。下一步，滦县开发区将总结经验，进一步提高行政审批效率，进一步压减行政成本，进一步激发市场活力，以锐意改革的精神加大创新力度，以行政审批效率的提升促进开发区项目建设发展。

（四）小资本推动大建设

河北丰南经济开发区，是原有丰南临港经济开发区、丰南经济开发区和丰南小集经济开发区 3 个省级开发区整合形成的主营业务收入超千亿元开发区，原有三个开发区各具产业发展特色，形成了现在的“一区三园”格局。

为提高投融资能力，提速开发区开发建设，区内成立了具有独立法人资格的投融资公司——丰南区建设投资有限公司，注册资金 11 亿元。为放大资金效应，加快开发区建设，唐山市丰南区政府与中国葛洲坝集团股份有限公司签署了《丰南临港经济开发区基础设施项目 PPP 合同》，完成期限至2018年12月31日。合同签署后，区政府授权唐山市丰南建设投资有限公司对该项目进行管理，丰南经济开发区管委会按照园区总体规划负责与设计单位进行对接。

该PPP模式成功引入了葛洲坝集团的41.2亿元投资，开发建设临港工业园化工产业区、第二起步区等一揽子项目，采取“PPP+设计、采购、施工总承包”的合作形式，项目由新成立的公司（葛洲坝集团与丰南区建设投资有限公司共同出资成立了葛洲坝唐山丰南投资建设有限公司，注册资本3亿元，其中丰南建投公司投资750万元，占股2.5%）负责组织实施。

该工程于2016年3月进场化工产业区进行施工，目前化工产业区已完成土地整理7200亩，市政管网铺设34423米，道路路基铺设18800米，明渠开挖2900米，路面结构层及相关附属工程正在有序进行中；西扩区已完成374亩土地整理；第二起步区已完成吹填地块固化120万立方米；截至目前已完成基础设施投资9.5亿元。

丰南经济开发区成功利用自有的投融资公司创新投融资模式，通过与大型央企采取PPP模式合作，利用小资金撬动大资本建设开发区的方式，弥补了自身资金不足问题，加快了开发区建设步伐。

下一步丰南经济开发区将在实践中进一步总结经验，严格规范投融资平台的运营管理，加强风险防控；继续加快投融资体制机制创新，全面提升金融服务水平；加快推动丰南建设投资有限公司做大做强，更加高效地服务于开发区建设。

（执笔人：张雁）

专题七

立足京津冀协同发展促进对内对外开放

在2014年2月举行的京津冀协同发展工作座谈会上，习近平总书记明确提出要把京津冀协同发展上升为国家战略。依据中央政治局会议审议通过的《京津冀协同发展规划纲要》，京津冀协同发展战略的核心是："京津冀三地作为一个整体协同发展，以疏解非首都核心功能、解决北京'大城市病'为基本出发点，调整优化城市布局和空间结构，构建现代化交通网络系统，扩大环境容量生态空间，推进产业升级转移，推动公共服务共建共享，加快市场一体化进程，打造现代化新型首都圈"。2016年2月，全国第一个跨省市的区域"十三五"规划——《"十三五"时期京津冀国民经济和社会发展规划》印发实施，进一步明确了京津冀协同发展重大国家战略向纵深推进的发展目标。习近平总书记和李克强总理均在不同场合多次表示过，要在京津冀交通一体化、生态环境保护、产业升级转型等重点领域率先取得突破。综合这些指示，中央对于京津冀协同发展的规划已见雏形。

而在十九大上，习近平总书记在肯定京津冀协同发展增强区域发展协调性的同时，进一步提出了新的发展方向——以疏解北京非首都功能为"牛鼻子"推动京津冀协同发展，高起点规划、高标准建设雄安新区。响应十九大号召，京津冀三地共同研究制定了《关于加强京津冀产业转移承接重点平台建设的意见》，提出围绕构建和提升"2+4+N"产业合作格局，合力打造一批高水平协同创新平台和专业化产业合作平台。"2+4+N"包括北京城市副中心和河北雄安新区两个集中承载地，曹妃甸协同发展示范区、北京新机场临空经济区、天津滨海新区、张承生态功能区四大战略合作功能区及46个专业化、特色化承接平台。曹妃甸协同发展示范区入选四大战略合作功能区的同时，唐山高新技术开发区也入选了46个承接平台，可见唐山在京津冀协同发展的规划布局中占据相当重要的位置。

就经济开放而言，良好的内部经济环境是开放的根基。唐山市要构建开放型经济新体制，对内必须把握京津冀协同发展规划，将区域开放提高到新水平，充分地整合、利用区域资源优势，巩固开放型经济的社会、经济基础。唐山市深入贯彻中央精神，落实协同发展规划，积累了相当的经验和成绩。唐山市“十三五”规划中明确提出，要“牢牢把握京津冀协同发展重大战略机遇，认真贯彻国家《京津冀协同发展规划纲要》（以下简称《规划纲要》）和省《实施意见》，推进产业、交通、生态环保三个重点领域率先突破，深化与京津全方位合作，加快体制机制创新，努力把唐山建成京津冀区域中心城市和协同发展示范区”。京津冀协同发展可谓是唐山发展规划过程中的重要指导方针。如何在新的格局下找准自身定位、在服务整体的基础上实现唐山经济的跨越式发展，是唐山市推动京津冀协同发展的核心课题，也是唐山在这三年来的政策抓手和未来的发展方向。《规划纲要》中，河北省的定位包括“全国现代商贸物流重要基地”“产业转型升级试验区”“新型城镇化与城乡统筹示范区”“京津冀生态环境支撑区”。而依据京津冀协同发展领导小组办公室提出的“一核、双城、三轴、四区、多节点”空间布局，唐山在其中“三轴”中的京唐秦产业发展带和“四区”中的东部滨海发展区均扮演重要角色。可见，唐山的城市定位是一个综合的、多角度的定位，唐山的发展建设与其中每一重身份都紧密联系。此外，雄安新区的成立标志着京津冀协同发展进入新的阶段。新区承担着拉动河北省产业升级和世界级城市群新增长极的重任，促进了城市群空间优化、区域要素分布调整与产业结构升级，城市群整体的竞争力将进一步增强，空间布局也将由“双城、双引擎”的发展模式向“三城、三引擎”的发展模式转变，从过去的“对接京津”到“对接京津、服务雄安”的方向转变。这对唐山来讲既是机遇，也是挑战。

参照中央的战略精神、重点领域规划以及唐山自身的区域发展定位，本报告认为，在唐山贯彻落实京津冀协同发展战略的进程中，以“协同”作为基石，“承接”是核心，“转型”和“开放”是重点，“承接”“转型”和“开放”同时又是唐山经济发展的三大“突破口”。立足协同，在承接京津产业转移、经济转型升级和区域及对外开放三个方面寻求突破，是唐山作为京津冀区域内重要节点城市的必行之计，亦是唐山构建开放性经济新体制的重要根基。唐山在这几方面都取得了相当的成果，未来还将继续深化。

一、发展现状

自2014年开始贯彻践行京津冀协同发展战略，唐山的社会经济经历了一个由转型到提速的过程，三年间社会经济建设整体向好，呈稳步提升态势。在承接京津、转型发展以及相关联的基础设施方面也都取得了相当的进展。

（一）协同发展红利初现，经济增速稳步提升

在经历了2014年的市场需求不足和压减过剩产能的压力，GDP增速出现波动之后，随着京津冀协同发展战略部署的全面展开和逐步深化，唐山市GDP稳步提高：2014—2016年三年的GDP增速分别为5.1%、5.6%和6.8%，人均生产总值为4.6%、4.8%和6.2%。产业结构调整初见成效，第三产业增加值的比重由33.3%提高至36.4%，第二产业则由57.7%调整至54.1%。全体居民人均可支配收入增速分别为8.7%、8.6%和8.8%，保持稳定增长。整体来看，全市宏观经济保持着稳定向好的发展趋势，区域协同发展、产业结构优化的红利逐步得到兑现。

（二）积极落实承接京津任务，项目合作成果颇丰

唐山市以京津合作项目建设为突破口，不断推进京津冀一体化进程。2014 年至今共有与京津合作亿元以上项目 393 项，总投资 5037.4 亿元。其中，实施与京津合作亿元以上项目 258 项，总投资 2212.3 亿元，累计完成投资 926.4 亿元。

2017 年 1—7 月，唐山市共有亿元以上与京津合作项目 300 项，总投资 4428.45 亿元，完成投资 158.09 亿元。其中，承接京津产业转移项目 262 项，总投资 3543.73 亿元，完成投资 131.05 亿元；城市功能疏解项目 38 项，总投资 884.72 亿元，完成投资 27.04 亿元，华电曹妃甸煤码头三期工程完成任务过半，京津冀协同资产管理有限公司项目完成签约，中唐 020 科技文化创意中心项目已完成地上两层主体施工。2017 年 1—7 月，全市共实施与京津合作亿元以上新开工项目 78 项，完成投资 53.64 亿元。

（三）交通、科技、公共服务建设成效斐然，基础设施建设日臻完善

交通和港口开放方面。唐山港先后与 70 多个国家和地区的港口通航，开通航线 130 多条，全市铁路营运里程达到 1266.1 千米，公路通车里程达到 1.78 万千米。2016 年唐山港实现货物吞吐量 5.21 亿吨，跃居全国港口第五位、全球第六位，集装箱吞吐量 193.57 万标箱、增长 27.14%。唐山港与天津港组建集装箱码头有限公司，二连浩特、包头、晋中等地“内陆港”揭牌运营。2017 年 1—7 月，唐山港全港完成货物吞吐量 3.34 亿吨，同比增长 14.60%。集装箱吞吐量 131.45 万标箱，同比增长 33.46%。其中，曹妃甸港区完成货物吞吐量 1.62 亿吨，集装箱吞吐量 29.99 万标箱，同比分别增长 12.06% 和 24.89%；京唐港区完成货物吞吐量 1.72 亿吨，集装箱吞吐量 101.46 万标箱，同比分别增长 17.11% 和 36.22%。京唐港区 B 型保税物流中心通过国家验收，整

车进口口岸资质获批。唐曹铁路，已铺轨 31.1 千米，累计完成投资 55 亿元。水曹铁路，项目涉及的跨滦古公路大桥、长大公路特大桥已开始施工，累计完成投资 13.6 亿元。京唐城际，项目前期工作所需各项支撑文件已办结，正在推进勘界、清登、征拆等工作。

科技和公共服务方面。科技领域，加快推进了以唐山科技中心、融通清科科技企业孵化器、石墨烯众创空间等为重点的创业服务平台建设，京津冀钢铁联盟协同创新研究院落户迁安市。着力推进与京津高校、科研院所、科技型企业合作项目 40 余项。教育系统，全市教育系统对接京津教育签约项目累计达到 141 个，近 200 余所学校与京津学校开展经常性互访和交流。加强与京津职业院校和名企开展战略合作，力争在高等教育合作办学上实现新突破。卫生系统，截至目前，全市二、三级医院与京津知名医院共签署技术合作协议 47 个，开展合作项目 59 个，开展远程医疗会诊 1380 例。人社系统，已与北京、天津、山东、东北等地 90 所高校及院所建立合作，合作专家达 125 人，发布科技成果 15376 项。

（四）化解过剩产能，生态环境不断改善

作为京津冀大气污染东部传输通道城市，唐山主动化解过剩产能，还重新修订《重污染天气应急预案》，组织编写了《唐山市生态建设与环境保护“十三五”规划》，积极推进生态环境治理。2014 年以来，完成钢铁、焦化、水泥、电力、玻璃五大行业脱硫脱硝、除尘改造等 1839 个治理项目，淘汰改造燃煤锅炉 2486 台。2014 年至今，已化解炼铁产能 1739 万吨、炼钢产能 2185 万吨。其中，2017 年 1—7 月唐山市化解炼铁产能 381 万吨、炼钢产能 576 万吨。2014—2016 年，唐山市共削减煤炭消费量 1370 万吨，2017 年上半年削减煤炭消费量 10.8 万吨。

这些举措带来了环境质量上的改善：从总体能耗情况上看，2016 年唐山市规模以上工业煤炭消费量 7568.6 万吨，比 2014 年减少 488.18 万吨。万元生产总值能耗 1.2529 吨标准煤，较 2014 年下降 26%；万元工业

增加值能耗下降6.55%。从空气质量来看，2016年环境空气质量二级及优于二级天数200天，比上年增加67天；重度污染以上天数37天，减少33天。

二、主要经验做法及成效

在入选12个国家构建开放型经济新体制综合试点试验城市（区域）中，唐山是唯一位于京津冀地区的城市，实践和探索京津冀协同发展显得尤为重要。在唐山市围绕协同的实际工作中，承接京津产业转移居于核心地位，相对应的尝试、创新及成果也最为丰富。与此同时，在产业转型和区域及对外开放方面，唐山同样开展了大量工作，总结出了相当的经验。在唐山实地走访调研以及与相关部门及企业代表座谈的过程中，我们发现唐山市的主要经验做法包括以下几点，均取得了可喜的成效。

（一）推进“放管服”改革，打开承接京津新局面

在承接京津产业转移的过程中，唐山市不断推进放管服改革，提高政府办事效率和服务意识，为京津企业来唐提供了便利，为唐山吸引来了更多的企业和资本。

1. 行政审批便利化，“落地签”制度创新

唐山市积极探索科技成果、资信资质等市场要素一体化机制，实施京津产业搬迁来唐企业“落地签”政策，即企业可保留原名称不变，只办理地址变更即可在唐落户。这项新制度的实行，极大地方便了京津冀企业投资落户唐山，并充分体现了企业名称的区域特色。这既保证了来唐企业的权益，也为加速推进京津招商引资、承接产能转移提供了新途径、新思路。在河北省承接北京非首都功能和京津产业转移的过程中，这一举措是可复制、可推广的，值得河北省其他城市和地区学习借鉴，也为先进城市的产业转移承接问题提供了新的思路。

就实施效果来看，截至目前已有北京中科智慧能源工程技术有限公司等 9 家京津企业搬迁来唐，按“落地签”制度顺利办理了营业执照。面对北京保健品行业外迁的实际情况，唐山市滦南县多次协调沟通，获得了国家食药监总局异地监管批复，所有转移到滦南的“京籍”保健品企业都可以保留“京字”招牌，彻底打消了企业的后顾之忧，加速了企业签约入驻滦南（北京）大健康产业园的步伐。

2. 强化政府服务职能，提升城市吸引力

土地政策方面，按照投资强度的高低，每亩最高支持资金 5 万元左右，可有效降低企业用地成本。财税政策方面，自项目投产后 5 年内，可享受最高 5 年期财政支持，最高额度不超过该项目对所属县区的财政贡献。

配套服务方面，对于外来企业聘用的外籍、外地管理人员，在置业、就医、子女上学等方面给予优先、优惠安排；与京津相比可享受优惠电价，为企业免费培训、量身打造产业工人；通过多种渠道积极为企业争取建设资金和金融服务，全力推进项目建设。

3. 多渠道、全方位开展招商引资

一是注重招商队伍建设。曹妃甸区组成了 50 人的招商团队进驻北京招商引资，丰南区派驻 300 多人的招商队伍分赴北京、天津、上海、深圳等地开展招商，乐亭县选派 20 多名人员到京津两地招商，迁西县成立了北京产业招商联络小组划分八个片区重点招商，海港开发区成立了招商工作组、抽调 21 人组成 5 个招商工作组常住京津开展驻点招商，丰润区选派 10 名科级干部入驻北京朝阳区。

二是推行奖励激励办法。唐山下辖各区县分别出台了具体的奖励办法。

三是做好宣传推介。迁安市、曹妃甸区、乐亭县、海港开发区、玉田县等地多次组织召开招商发布会、经贸洽谈会，积极做好宣传推介。目前，唐山市已成功举办各类招商推介会、经贸洽谈会 100 余次，签订招商项目650多项。

（二）深化协同发展平台建设，多平台产业集聚效果显著

唐山市以北京（曹妃甸）协同发展示范区和津冀（芦汉）协同发展示范区为与两地引资合作的“桥头堡”和示范平台，积极推进招商引资；同时其他各区县和经济开发区有产业针对性地集中引资，发挥产业集聚优势。

1. 曹妃甸协同发展示范区

北京曹妃甸协同发展示范区是北京市与河北省的一项共建工作，发挥着承接非首都功能产业转移的示范平台的作用。示范区规划面积100平方千米，其中5.5平方千米产业先行启动区和4.6平方千米的产城融合先行启动区，功能定位为“一区六基地（首都高校疏解集中承载区、高新技术成果转化基地、现代产业加工制造基地、信息技术服务外包基地、应用技术职业教育基地、协同发展创新创业基地和北京曹妃甸现代农业示范基地）”。

曹妃甸示范区以首钢搬迁转移为基础，着力面向北京非首都功能转移进行招商引资，落实机制协同、产业协同与社会协同。机制协同，指的是在建设、开发曹妃甸示范区的过程中，唐山与北京不仅在工作中相互合作，还通过建立具体的合作机制，使合作有章可循，提高效率，其中主要包括会商机制、共管机制和共建机制。产业协同，指的是在非首都功能产业向曹妃甸转移的过程中，一方面加强产业转移的计划性，发挥产业整体转移的集聚效应；另一方面统筹规划，保障曹妃甸基础设施配套的承接能力以及转移产业与北京本土产业的衔接，发挥产业链优势。社会协同，主要针对北京来曹人员最关心的社会生活问题，以教育卫生文化为重点，与京津协同合作，提高曹妃甸的文教环境和城市承载力。

截至目前，曹妃甸协同发展示范区进展顺利，招商引资示范平台作

用凸显，吸引大量京津企业和资本。2017 年上半年，全区共签约 215 个项目、总投资 2177 亿元；开工项目 83 个、总投资 118 亿元。其中，全区签约北京项目 40 个，协议总投资 807.98 亿元；开工北京项目 7 个，总投资 30.57 亿元。截至上半年，全区已签约京津项目 198 个，协议总投资 3201.4 亿元，其中北京项目 168 个，协议总投资 3125.28 亿元；全区开工亿元以上京津项目达到 48 个，协议总投资 1249.17 亿元，其中北京项目 40 个，协议总投资 1212.37 亿元。

2. 芦汉协同发展示范区

2014 年津冀正式签署合作框架协议，津冀共建芦汉协同发展示范区工作有序推进。唐山市先后梳理出芦汉两地与天津合作对接事项 56 项，并与天津宁河区进行了多次对接互访，合作框架协议业已正式签署。目前，津冀协同发展示范区先行试验区范围基本确定，一批以绿色环保建材、装备制造、食品加工、现代农业、现代物流为主导的现代产业体系初步形成。京津家具创新产业园、印刷产业园、环渤海家具园、北方商用厨具科技产业园抓紧建设中。2017 年 1—7 月，芦汉两地新开工亿元以上京津合作项目 22 项，完成投资 6.05 亿元；签约亿元以上京津合作项目 13 项，总投资 38.85 亿元。

其中位于唐山汉沽管理区的环渤海绿色家居产业园，一方面发挥了专门产业集中引进的产业集聚优势，另一方面对于承接北京的家居产业意义重大，被北京工信委誉为“北京产业整体外迁的样板”。区政府积极搜寻线索，主动对接获知北京市产业发展规划，经多渠道与北京市家具行业协会进行了多次接触、洽谈，达成建立产业园区的合作意向。在招商的过程中通过手续专人领办、代办制以及地水电资源调配、保障机制，主动服务、优化营商环境。多种举措协同拉动家居产业招商引资，大大增强了产业园区的投资吸引力。

3. 多区县集中招商，发挥产业集聚优势

滦南经济开发区大健康产业园项目。滦南（北京）大健康产业园项目选址于滦南经济开发区城西园区，规划面积10平方千米，着眼于打造国际一流的大健康特色产业园区和京津冀协同发展示范区，主要承接北京市疏解非首都功能过程中需要外迁的保健品、食品、中药制品等产业关联企业。经国家食药监总局批准，在滦南设立保健品食品企业异地监管区域，明确指出，集中转移至滦南的京籍保健食品生产企业，在园区设立分公司，企业名称、注册地址不变，在《食品生产许可证》上按车间标注相应生产地址和生产范围，相应产品批准文号不做转移。另外园区与西部控股集团签订了战略合作协议，由西部控股集团对园区进行统一规划、投资、运营和管理。自2017年6月第一批项目集中签约以来，已累计有30余家企业签订合作协议或正式投资协议，滦南县正在积极推进这些项目落地。

玉田县立足自身优势，实现产业化招商。玉田县立足其农业资源丰富、工业优势产业突出、三产服务业发达的基础优势，坚持产业化招商，注重产业链项目对接，突出围绕装备制造、钢铁深加工、住宅产业化、农产品深加工、医药保健品加工、中华老字号产业以及鸦鸿桥新城建设等领域开展招商活动。玉田围绕承接京津产业转移和非首都功能疏解主题，锁定北京为重点招商区域，面向北京市14个区，尤其是通州区的12个乡镇各类工业园区、工业大院及企业，集中人力物力，全力开展招商攻坚活动，努力推进项目精准对接。此外还设立了承接北京产业转移项目奖励基金，同时坚持多渠道开展招商活动：驻点攻坚招商、敲门招商、以商引商、市场化招商、轻资源化招商、小团组招商等多种形式并存，灵活多样，因企制宜、因地制宜，极大提高了招商工作的针对性。2016年以来，全县组织招商推介和参加各类会展活动就达80多次，联系客商1200余人次，先后有500多家企业到玉田考察洽谈。此外，注重对项目投资规模、产业性质、效益贡献、能源消耗、环境影响等方面的考量，建立了项目优选机制，形成了固定的项目评估论证模式，提升项目准入门槛，强力引进科技含量高、能源消耗少、税收贡献大的项目落户。针对县内集中引进的农业、医药保健行业的中华老字号企业，审批成立“中华老字号生产加工集聚地暨中华老字号旅游观光基地”，发挥产业集聚优势，目前已引入同仁堂、王致和等老字号企业10家，并规划建设了中华老字号产业园，上述老字号企业全部实现入园建设。

（三）借力京津，创新驱动引领唐山产业转型

单纯依靠京津企业来唐直接投资，在承接产业转移的同时，并不足以实现唐山自身的产业升级。在产业升级方面，唐山自身的创新动力必不可少。为此，唐山大力深挖区位优势，加强在教育、技术创新的京津唐合作交流方面发挥政府资源配置的作用，推进教育、科技创新园区建设与投融资配套服务，为科教合作提供了肥沃的土壤。

1. 充分发挥区位优势，开展教育合作与交流

2016年以来，唐山充分利用地缘、人脉优势，积极与京津开展教育合作与交流，特别是在承接首都高校疏解转移方面，引进了许多重大教育合作项目，取得显著成果。

一是全力推动北京—曹妃甸国际职教城建设。2016年，唐山市与北京保信集团联合打造的北京—曹妃甸国际职教城，预计总投资达380亿元，规划建校17所，集聚人口20万人，可容纳2.1万名学生就读，项目已全部竣工。其中北京曹妃甸国际职教城申请设立的唐山实验中等专业学校已正式开学。职教城申办的曹妃甸职业技术学院已获得教育部审批，下半年将实现挂牌招生。

二是积极打造首都高校疏解集中承载区。曹妃甸区出台《打造首都高校疏解集中承载区工作方案》，在唐山湾生态城规划建设溯河教育园区，作为主动承接首都高校疏解重要承载区，对北京集中转移的高校无偿提供土地。曹妃甸区争取到2018年，与中关村合作在曹妃甸创办双创基地和曹妃甸创客新城，引进涉及汽车、化工、新型材料等优势专

业的高职院校 2 所、高校 1 所；争取到 2020 年，引进 2 至 3 所本科院校到曹妃甸溯河教育园区建设适应曹妃甸产业发展的大学，或设立分校和独立学院，把学科优势输送到曹妃甸。

三是切实开展京津冀高校合作办学。近年来，唐山与北京系列高校广泛接触、洽谈合作办学事宜，先后与北京科技大学、北京化工大学、北京工业大学等院校进行洽谈。2016 年，市教育局、唐山工业职业技术学院与北京工业大学耿丹学校联合签署合作意向协议，三方将联合开办市场急需专业，实现专本衔接、联合培养，并谋划在唐山建设本科层次的应用技术大学。

四是着力申办中华职业大学。2017 年以来，按照全市经济工作会议精神，唐山积极依托唐山工业职业技术学院申办中华职业大学人，主要面向生产建设和管理一线培养高素质应用技术技能型人才。

五是借力京津优势，促进提档升级。全面落实京津冀协同发展战略，以实施"百所学校对接京津行动"为契机，积极组织各项目校主动对接京津学校。截至目前，项目校中已有 9 所学校与北京 12 所中职学校、17 家企业进行了实质性合作办学。

2. 搭建创新创业平台，着力支持科技型中小企业

近两年来，唐山市围绕新兴产业的科技进步，大力开展产学研结合，从需求端入手，打造创新端，通过优化创新平台，着力支持中小企业创新创业，壮大创新主体。具体工作主要包括以下几个方面：

企业科技创新平台。出台了《唐山市工程技术研究中心和重点实验室管理办法》《唐山市产业技术研究院建设与管理办法》等文件，在已有工程技术研究中心、重点实验室基础上，开展了产业技术研究院、产业技术创新战略联盟等新型研发机构的创建工作。围绕新兴产业共性技术开展研究，重点开发新技术、新工艺和新产品，制定新技术标准，推动行业领域科技创新，突破产业发展核心技术。在轨道交通、机器人等战略性新兴领域取得了创新成果，河北省绿色智能交通产业技术研究

院围绕高速动车组研发的多项技术，达到了国际先进水平，为高速动车组系统集成创新和产业化提供了技术支撑。

科技成果转化平台。唐山市加强中科院唐山高新技术研究与转化中心建设。作为中科院在我国北方地区建立的第一家与地级市合作的技术研发与转移转化机构，唐山中心积极发挥中科院的科技与人才优势，充分结合唐山产业特点，打造公共技术平台、行业技术中心和高技术产业孵化器“三位一体”的创新服务基地，促进区域高新技术产业的培育与发展。

全民创新创业平台。启动实施了“双创促转型、唐山在行动”系列主题活动，组织开展专题讲座、创客培训、经验交流活动120多场次。众创空间（孵化器）发展取得新突破，数量呈现爆发式增长，目前市级以上科技企业孵化器、众创空间和星创天地，总数达到44家；其中，以服务外包形式委托华发公司运营的环渤海知识产权市场，与西安科技大市场、中国浙江网上技术市场等进行了合作和信息共享，发布成果、专利信息万余条，多次组织培训、对接活动，营造了全民创业、万众创新的良好环境。

科技园区。研究起草《关于加快高新技术开发区发展和经济技术开发区科技创新的指导意见》，指导唐山市高新技术产业开发区、迁安高新技术产业开发区和开平高新技术产业开发区等3个省级以上高新区健康发展，积极引导高新技术园区聚集高水平创新创业平台，加快发展战略性新兴产业。全省高新区2017年开发区示范试点评审会议上，唐山市高新技术产业开发区建设方案得到与会专家肯定，最终通过了评审，将连续两年每年获得5000万元的资金支持。截至目前，已有包括唐山高新区机器人产业集群在内的两家省级创新型产业集群试点。另外，为加强技术成果承接载体建设，重点推进了唐山钢铁谷、石墨烯产业、清科园等3个科创园区建设，引进企业100余家，促进了电子商务、新能源等战略性新兴产业发展。

三、典型经验和案例展示

（一）践行国家战略、贯彻协同发展，曹妃甸区建设成效凸显

习近平总书记在北京考察时，围绕北京市的工作和京津冀协同发展发表的重要讲话中提到“首钢搬迁到曹妃甸就是具体行动，要继续坚定不移地做下去”。曹妃甸区以首钢搬迁为出发点，深入贯彻落实京津冀协同发展重大战略思想，把京津冀协同发展作为长期的战略任务来实施。在建设发展的过程中，曹妃甸区以协同为中心，构建了机制协同、产业协同和社会协同“三位一体”的思路框架；同时又在城区建设规划的过程中，积极开展京唐共管共建，合资成立建设投资公司，创造性地建立“管委会＋建投公司”的合作开发模式，效率得到很大提升。

1. 强化机制协同，推动共建共管

一是会商机制。京冀高层领导每年至少一次互访、会商，就示范区共建问题把关定向，解决现实问题。

二是共管机制。示范区管理机构已得到批复，北京选派的 13 名干部进驻开展工作，河北方面选派的干部基本到位，管委会正按照充分授权、主体运行、实体化运作的原则积极开展工作。

三是共建机制。首钢总公司代表北京、曹发展集团代表河北，按照 67∶33 比例出资组建京冀曹建投公司，总资本金 50 亿元。京冀曹建投公司作为两省市指定的京冀曹妃甸协同发展示范区开发建设主体，承担示范区的投资、开发、建设、运营和管理。

四是互联机制。与北京近 20 个市直部门紧密沟通联系，北京市经信委、金融局等 10 余家单位或协会企业主动来曹对接，促成了教育、卫生等领域一批战略合作项目。

2. 立足产业协同，精准对接招商

认真落实河北省委“打造曹妃甸承接北京产业转移重大战略平台”

指示和北京市“引导产业项目向曹妃甸示范区等地转移集聚”要求，结合曹妃甸区实际，完善规划和基础设施配套，精准对接北京相关部门和产业转移疏解热点区域。

一是规划共绘。北京市经信委和省工信厅共同编制的《北京（曹妃甸）现代产业发展试验区产业发展规划》，完成100平方米北京（曹妃甸）现代产业发展试验区5平方千米造地工程的勘测和可研编制，完成5.5产业先行启动区和4.6产城融合先行启动区控制性详细规划。按照“总体规划、统一布局、远近结合、分步实施”的开发思路，以试验区和产业先行启动区为北京产业转移集中承载地，发展高端装备等先进制造业；以产城融合先行启动区为产城融合生活配套和产业服务区，发展科技研发、总部经济、科技成果转化、教育培训、高端商务、休闲养老等现代服务业。

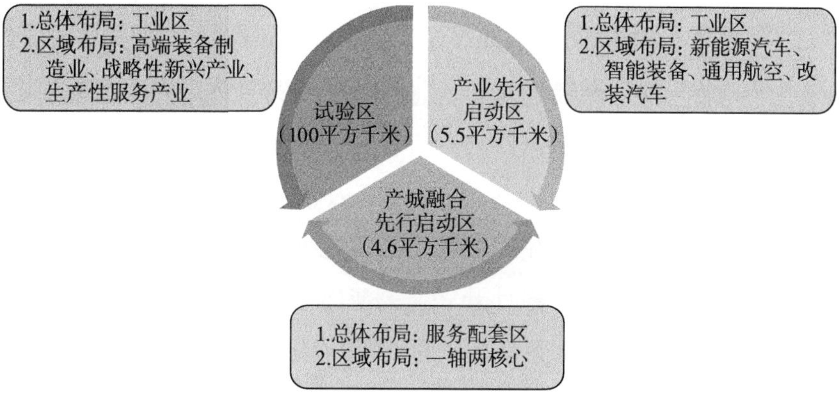

图7－1　曹妃甸区建设规划图

二是精准招商。成立唐山曹妃甸推进协同发展办公室，36人常驻北京，在北京通州、顺义、亦庄开发区、朝阳区、海淀区、大兴区及天津滨海新区等重点区域设立了专人对接小组，派专人到北京经信委以及相关产业协会协助工作；各园区、场镇抽调人力组成专门招商小组，100余人专门对接北京，集中精干力量精准招商。

三是产业共赢。北京市经信委新成立了产业结构调整处，努力为曹妃甸承接北京产业资源搭建精准对接平台，定期组织由北京企业参加的协同发展专项对接活动。北京市投促局、经开区已将示范区纳入其招商推介的工作内容，定期与通州、顺义、石景山等区联合组织产业转移承接活动，吸引承接一批北京产业转移项目落户示范区。

3. 瞄准社会协同，促进公共服务同城化

从解决北京来曹人员最关心问题入手，推动以教育卫生文化为重点的社会协同。

一是教育事业协同。北京景山学校曹妃甸分校 2016 年 9 月招生开学，目前教师 50 人、学生 301 人。推动承接北京高职院校转移疏解，唐山工职院与北京化工大学开办“3 + 2”高职专业。曹妃甸职业技术学院由河北省人民政府批准设立、教育部备案，2017 年 6 月面向全国招生。

二是卫生事业协同。北京安贞、妇产医院曹妃甸合作医院已于 2016 年 7 月、9 月分别挂牌开诊，北京友谊医院与曹妃甸工人医院合作医院进入实质性合作阶段。

三是文化事业协同。成功举办“魅力曹妃甸”北京巡回摄影展、京津冀梅花奖名家和京津相声名家走进曹妃甸、《梦圆曹妃甸》赴京演出等大型文化交流活动，累计开展文艺演出、摄影展览、非遗交流、戏剧曲艺等各类活动达 280 余次，京津冀文化搭台带动三地交流全面活跃。

四是旅游事业协同。经过主动深入对接，推动北京市旅游委与曹妃甸区签订了《北京曹妃甸旅游发展战略合作协议》，根据协议，北京市旅游委将全力支持曹妃甸旅游业发展，曹妃甸成为首个与北京进行区域旅游合作的县区，京曹两地将逐步开通旅游直通车，设计特色旅游线路，使北京旅游线路延伸至曹妃甸。

五是住宅配套事业协同。顺应国家当前倡导的绿色建筑发展趋势，以高于世界卫生组织健康住宅标准建设超低能耗被动式住宅（15 万平方米）。该项目是国内已建和在建工程中最大的被动式住宅示范项目，不仅为京冀协同发展产业转移和非首都功能疏解的创业者、开拓者提供高质量、高水平、健康舒适的居住环境，也为京津冀地区的住宅建筑起到示范引领作用。

（二）冀东集团与北京金隅战略重组，京唐企业间合作促进产业升级

承接产业转移、推进产业升级，不仅需要通过政府搭桥、招揽京津资本来唐，还需要做大做强唐山本土的优势企业，促成企业间在技术、资本上的合作，进而实现共赢，为承接产业转移以及本地产业转型升级增添动力。唐山冀东集团与北京金隅集团的战略重组是京唐企业合作的典型案例。

1. 产能压力积聚，协同效应可观，战略重组势在必行

近年来，受宏观经济增速放缓等因素影响，水泥行业整体表现低迷，水泥需求 25 年来首次大幅负增长。尤其是华北地区，水泥价格长期低位运行，企业经济效益严重下滑。根据国家统计局和中国水泥协会的数据，2015 年华北地区水泥出现历史罕见的全行业亏损，利润率 -6.4%，亏损 42.1 亿元，创历史新低，在全国六大区域中效益最差。作为京津冀地区最大的两家水泥企业，只有重组，才能变短板为长项、变无序为协同，共建共享，健康发展。

一方面，重组是顺应京津冀协同发展等宏观政策的必然选择。《京津冀协同发展规划纲要》，将“京津冀协同发展”明确为重大国家战略；习近平总书记在中央财经领导小组第十二次会议上强调“着力加强供给侧结构性改革”，淘汰落后产能、优化产业结构。

另一方面，重组是实现较高行业集中度和良好市场秩序的客观要求。我国水泥行业在快速发展的同时，也存在总量过剩、区域过剩、结构不合理以及盈利水平区域分化严重的矛盾，近些年愈演愈烈。截至

2015 年底，全国水泥产能约 34 亿吨，全年水泥产量 23.5 亿吨，水泥产能利用率为 69%；同期，京津冀地区水泥总产能约 2.5 亿吨，全年水泥产量 1.04 亿吨，水泥产能利用率仅 40%，产能结构性过剩及供需矛盾尤为突出。

更重要的是，重组是冀东水泥和金隅股份优势互补的共赢之策。冀东集团是唐山市国有控股公司，主营业务涵盖水泥、混凝土、装备工程等行业，拥有冀东水泥和冀东装备两家 A 股上市公司，总资产 623 亿元，2015 年营业收入 181 亿元，亏损 38 亿元。金隅股份为拥有水泥及预拌混凝土、新型建材及商贸物流、房地产开发、物业投资与管理四大业务板块的“A + H 股”综合性产业集团，总资产约 1400 亿元，2015 年营业收入 409 亿元，利润总额 32 亿元。截至 2015 年底，冀东水泥和金隅股份在京津冀地区的熟料产能分别占 29.8% 和 29.1%，熟料产量分别占 43.3% 和 36.0%。重叠度高，协同效应大。

2. 科学制定战略重组方案，冀东金隅互利双赢

思路清晰完整，设计合理巧妙。本次战略重组方案共分为两部分：一是股权重组，即金隅股份以现金 47.50 亿元认购冀东集团新增注册资本，并以现金 4.75 亿元收购中泰信托持有的冀东集团股权，累计持有冀东集团 55.00% 的股权，从而成为冀东集团的控股股东。二是资产重组，即冀东水泥通过非公开发行股份的方式购买金隅股份旗下水泥、混凝土等相关业务资产，同时募集资金购买上述资产的部分少数股权和冀东集团所属混凝土、骨料等业务资产；资产重组完成后，冀东水泥将成为双方唯一的水泥、混凝土业务平台。重组方案以确保国有资产保值增值和广大职工利益为出发点和立足点，考虑了各方诉求，平衡了各方利益，解决了冀东的现实困难。本次重组针对性地设计了股权重组、资产重组两步走的交易方案。在股权重组中，冀东集团将得到金隅股份 47.50 亿元的增资缓解资金压力、增大资产规模、降低资产负债率，恢复正常经营状态；在资产重组中，金隅股份将下属水泥、混凝土相关业

务一并注入冀东水泥，更充分地发挥规模效应。在合理的机制设计的带动下，2016 年 4—10 月短短 4 个多月时间就完成了由协议签署到工商变更登记的程序，工作效率之高，推进速度之快，出乎业界意料。

整合效益初显，未来前景看好。重组完成后，冀东水泥作为双方唯一的水泥、混凝土业务平台，成为集水泥、混凝土、耐火材料、环保、砂石骨料等为一体的全国最大的综合型建材企业之一，熟料产能将超过 1.1 亿吨，水泥产能将达到 1.7 亿吨，成为中国第三、世界第四的水泥企业。

此外，本次重组还将带来显著而广泛的社会效益。重组后的冀东水泥将响应国家优化调整产业布局的政策导向，淘汰落后产能，在供给侧结构性改革中发挥国有大型企业的示范作用，实现区域水泥行业的持续健康发展。与此同时，金隅先进的环保及固废处理技术将有望在冀东生产线上进行复制，有利于节能减排、提高综合经济效益，带动区域内水泥行业节能环保水平不断提升，改善京津冀地区的大气质量。

京津冀水泥协同发展战略，为全国水泥行业供给侧结构性改革提供“唐山范本”。冀东致力于将京津冀地区打造成为中国水泥行业市场良性竞争的产业示范区和科学发展的价值高地，努力将京津冀地区打造成中国水泥行业盈利水平最高的区域，将“价值洼地”变成“价值高地”。

四、主要问题与制约因素

在京津冀协同创新战略的过程中，虽然唐山总结出以上经验做法，取得了可观的成果，然而还是存在一些问题和制约因素，在现阶段构成了进一步深化协同战略的阻力，主要体现在以下几个方面。

（一）主要问题

第一，唐山自身经济、社会基础相对薄弱，对人才的吸引力不足，对新兴产业的支撑力度有待提高。一方面，由于金融业发展尚不成熟，支持金融创新和开放的政策措施还不够丰富，制约了新兴产业的发展；另一方面，由于京津对人才的虹吸作用，加之唐山自身社会、经济基础和引智措施不够完善，对高端人才的吸引力不足。

第二，产业转型升级方面，传统的资源型产业基础使唐山在转型升级道路选择上存在双重压力。作为传统资源大市，唐山市传统资源型产业的转型升级面临着资源环境危机与转型的双重压力。一是资金问题，国家对生态环保的重视，限制高污染高耗能行业，使传统资源型企业在融资方面出现了利息高、贷款条件苛刻等困难局面；二是资源型产业到新型产业的过渡问题，如技术瓶颈、人力、基础设施的转变都不能一蹴而就，人、财、物力的投入是转型过程中必须要解决的问题。

（二）制约因素

第一，相比北京、天津、雄安三大核心区域，机制设计和政策制定难以直接惠及唐山。京、津、雄安在区域占据主导地位，唐山在协同发展的承接、转型和开放的过程中都相对被动。这方面，需要唐山市向中央积极争取反映唐山的实际情况和发展诉求及其与京津冀协同发展的一致性、针对唐山自身情况的专项政策。

第二，在对外开放方面，政策倾向北京、天津、雄安，唐山成为“政策洼地”，开放引资、招商面对虹吸压力。例如，在与天津对接的过程中，由于天津自贸区的许多政策没有延伸到唐山，导致外贸企业向津外流。

五、发展思路

党的十九大工作报告指出：“坚持新发展理念。发展是解决我国一切问题的基础和关键，发展必须是科学发展，必须坚定不移贯彻创新、协调、绿色、开放、共享的发展理念。”

在推进开放型经济新体制建设的过程中，贯彻十九大思想，落实京津冀协同发展、整合利用区域优势资源是重中之重。唐山需进一步提高区域协同度、充分发挥京津冀区域整体优势，通过政策创新与政策共享为建设开发型经济助力。本报告总结出了以下几点发展思路。

（一）“不为所有，但为所用”，推进“飞地经济”“飞地港”合作新模式

“芦台”“汉沽”作为唐山在津的两块飞地，为唐山与天津的协同合作和产业承接贡献良多。此处的“飞地经济”，并非这种行政区划上的飞地，而是在不改变行政区划的情况下，北京、天津在唐山市建立资质互认、政策共享的产业园区，企业区内转移只发生所属地的变化，其资质、牌照都保留原籍，接受原所属城市异地监管，亦享受原所在地的政策优惠。这种打破自家“一亩三分地”思维的合作，从“不为所有，但为所用”的长远眼光出发，对唐山自身的经济活力和京津冀区域协同发展的进一步深入均有裨益。

1. 由异地监管、异地审批到完善的“飞地经济”

在京津产业向唐山转移的过程中，唐山市创造性地制定了“落地签”政策，即：企业可保留原名称不变，只办理地址变更即可在唐落户。此外，面对北京保健品行业外迁的实际，唐山市多次协调沟通，获得了国家食药监总局异地监管批复，所有转移到唐山市滦南县的京籍保健品企业都可以保留“京字”招牌。这些新制度的实行，极大地方便了京津冀企业投资落户唐山，大大提高了承接产业转移的效率。此外，这两条政策创新可复制、可推广，对整个河北省在承接转移的工作都具有借鉴价值。

目前，该政策创新尚处于起步阶段，覆盖领域相对较小，资质互认仍有深化的空间，进一步深入挖掘政策潜力能够给唐山带来更加丰硕的改革红利。资质、政策上的互认、共享绝不只局限于企业名称、“京字”及医药领域。一方面，唐山市应大胆尝试、积极争取，拓宽京唐、津唐之间资质互认、政策共享的行业领域。另一方面，可以参考大健康产业园的开展方式，针对重点产业快速突破，建立产业集群的“飞地”产业园区。从这两方面入手，唐山市有机会建立起“飞地经济”的京津冀合作新形态，助力产业承接和升级。

2. “飞地经济”扩展到港口领域，“飞地港”模式深化区域协同开放

打造国际合作新平台，增添共同发展新动力。与此同时，港口资质认证一直是困扰唐山港口建设的一大制约因素。唐山港作为北方毗邻天津港的重要深水大港，吞吐量甚至位居天津港之上。依据交通运输部发布的 2017 年 6 月中国规模以上港口生产数据，唐山港货物超过广州港及天津港，成为中国第四大港口，且在前 10 大港口中增速最快。目前阶段，唐山港的主要业务为大宗散货进出口，其中占比最高的货物包括矿石、煤炭、钢铁等。随着港口建设的日趋成熟，唐山港正在逐步拓宽业务范围，已经取得了木材、粮食、肉牛、整车等口岸资质。

然而在调研座谈中我们发现，由于在保税区等优惠政策上与天津港存在差距，天津港强大的虹吸效应导致唐山港在开拓新业务领域的过程中并不顺利。由于业务长期比较单一，唐山港在进出口资质以及保税政策上居于政策“洼地”。此外，唐山港与天津港的协同发展仍处于起步阶段，两港的集装箱业务存在一定的同质化现象（也包括与秦皇岛港、黄骅港在煤炭等大宗散货方面）。在唐山港集团走访和座谈中我们了解到，唐山市和唐山港集团都希望能够拓展唐山港区的业务范围，但相较于起步早、经济腹地更加广阔的天津港，唐山港很难在新的业务领域获得优势。特别是天津港依托自贸区和东疆保税区，政策优势突出，而唐山港的汽车政策进口和跨境电商口岸成型尚需时日，整车平行进口仓储业务、跨境电商保税进口（1210）模式业务等还在申请过程中。

本报告认为，从增强京津冀港口整体实力出发，可以借鉴“飞地

经济”的发展模式，开展“飞地港”形态的区域合作，促成京津冀区域内几大港口的资质互认、共享，形成区域内业务互补并增强整体货物承载能力。同时唐山港应进一步加强信息化建设，巩固自身在能源、矿石领域的固有优势，并在合作互利的基础上，合理拓宽业务领域，不搞盲目拓展和恶性竞争，避免区域内港口资源的浪费。随着津冀港口群整体竞争力的不断提升，做大整个蛋糕而非局限于一时的份额，唐山港将获得更广阔的成长空间。

目前这方面已经有了几点可喜的尝试：2016 年底，由唐山港集团、天津港集团合资成立的津唐国际集装箱码头有限公司，在集装箱业务上开始尝试统筹协同发展；2017 年 2 月，天津市及滨海新区代表团到唐山市曹妃甸区进行考察，与唐山市召开工作交流座谈会并签署合作框架协议，共同推动天津自贸区曹妃甸片区申报工作。

基于这些尝试，唐山与天津港至少可以从两个方面推进“飞地港”模式，助力协同开放：第一，针对港口间的重点交叉业务，成立合资公司，统筹管理，互为补益，增强区域整体的货运承载能力，实现区域开放能力全面提升和总体经济效益最大化。此处值得注意的是，天津港是冬季冻港，而唐山港具备不冻港优势，以合资公司的形式推进冬季业务的平稳承接、转移，前景可期。第二，加快落实推进自贸区曹妃甸片区申报、建设工作，并以之为借鉴，逐步推广自贸区唐山片区这种“飞地”模式的区域规划建设，实现“飞地”片区内政策和资质共享，提高唐山港区的综合业务能力，进一步做大做强唐山港。

（二）拓宽产业政策思路，深度融入京津冀产业链网

习近平总书记主持召开京津冀协同发展座谈会时强调：“推进京津冀协同发展，要立足各自比较优势、立足现代产业分工要求、立足区域优势互补原则、立足合作共赢理念，以京津冀城市群建设为载体、以优化区域分工和产业布局为重点、以资源要素空间统筹规划利用为主线、以构建长效体制机制为抓手，从广度和深度上加快发展。”党的十九大

工作报告中进一步提出了京津冀协调发展的新方向，要求以疏解北京非首都功能为“牛鼻子”推动京津冀协同发展，高起点规划、高标准建设雄安新区。依据习近平总书记的讲话指示，京津冀协同要把握各地自身比较优势、互补双赢。这实质是深化地区合作，转变合作思路，在经济综合水平存在差距的城市间建立更广泛的产业链联系。

产业链是不同生产环节企业选择分工专业化生产后，基于一定的技术经济联系或投入产出关系，客观形成的链条式关联形态。判断是否构成产业链的关键是产业间有形物质产品或无形的技术、服务贸易形成的“链接”和“衍生”关系。区域产业链是指若干产业环节在区域之间形成具有一定的技术经济关联的产业形态。随着产业链联系得越发紧密，地区间的经济联系将会得到加强，分工的效率提升及各地区的比较优势得到充分开发，区域经济的活力将会更上一层楼。

目前，唐山的支柱产业主要包括传统的基础工业——黑色金属冶炼、水泥等，以及与之相关联的装备、汽车制造业，与此同时唐山港和京唐港为这些产业的原材料供应和海外出口提供了交通保障，唐山与京津的产业关系以京津向唐投资为主。如此来看，唐山与京津之间的产业链最直接的体现在于京津向唐山的产业转移和直接投资，产业链联系有较大提升空间。

唐山的工业基础、土地资源优势和京津的知识、技术优势的强强结合，仍有潜力可挖。一方面，北京转移出的非首都功能产业与唐山目前的支柱产业高度重合，技术提升和辐射作用有限；另一方面，唐山在基础设施、劳动力质量甚至交通（相比天津滨海新区）上不具备显著优势，招商引资的吸引力主要来自市、区政府提供的财政和土地优惠政策。单纯的投资引进难以带动唐山的技术进步和产业升级。针对这些问题，可在现有工作的基础上，进一步转变招商引资思路，将目光从直接投资、建厂带来的 GDP 增加值，转向与京津联动所能激发的经济活力与增长动力上来。首先，可以尝试改变传统的引资思路，与京津高校主动对接，在目前科技合作平台的基础上鼓励唐山本地有能力的企业与高校对接，成立合资公司，“企业出资金、高校出技术”，通过高校、机构技术入股的方式，在原有工业的基础上创新升级，推动制造业升级换代。此举亦可帮助京津的“软资源”在唐山落地，形成新的产业链，密切区域联系。其次，在产业升级、地区间的经济联动方面，民间资本特别是中小型企业的经济活力不可或缺，目前唐山在学习京津先进经验、引进创业平台方面做了大量工作，但由于唐山本地的市场有限，引领唐山小微企业走出去、进军京津乃至更广阔的市场空间，应该更加受到重视。

唐山目前与京津的产业联系更多地体现在制造业及与之配套的生产性服务业，开发生活性服务业产业链有助于提高城市吸引力。吸引人才来唐要靠城市本身的综合吸引力，既包括先进的生产能力，同时相配套的生活服务亦必不可少。城市交通、商贸和文化服务是衡量一个城市宜居水平的重要因素，唐山市在这些方面还有很大潜力可挖。一方面，唐山人民的收入水平不断提高，这方面的消费需求需要得到满足，2016年唐山市城镇居民人均可支配收入33725元，已经接近天津市全体居民水平。另一方面，以曹妃甸区为代表，大量的北京来唐工作人员，其物质、文化消费需求目前还没有得到充分满足，曹妃甸区城市规划建设还处于起步阶段，需要加大力度解决京津来唐人员在这方面的后顾之忧。

在与雄安新区的产业联动、协同发展方面，市场前景广阔。雄安新区于2017年4月正式成立，雄县、安新县、容城县自身的城市基础设施与区域核心区、国家级新区尚存在一定差距。新区基础设施建设处于起步阶段。特别是交通系统的建设，包括公路、铁路、高铁动车、机场等，都已经明确进入建设规划并开始动工。基于这方面，唐山至少有两点机遇。第一，基础设施建设需要大量钢铁、水泥等基础材料，而唐山不论是在生产还是原材料进口上都具备显著的优势。第二，高铁设备生产也是唐山在高端制造业方面的一大亮点。中车唐山机车车辆有限公司在机车生产技术上全国领先，唐山市的先进民营企业唐山百川智能机器有限公司在铁路检修设备技术上也位居全国前列。因此，雄安的成立和京津冀交通网的进一步升级给唐山带来了相当广阔的市场前景。

（三）以区域开放促进对外开放，重点承接京津外向型产业

唐山坐拥优质的临海港口资源、工业基础雄厚、劳动力储备充足，为发展开放型经济打下了坚实基础；毗邻京津又为引进资本、技术和人才提供了得天独厚的优势。如何将这两方面的优势有机结合，承接与开放型经济新体制相匹配的产业来唐是唐山必须要做的一门功课，也是京津冀地区贯彻十九大提出的“主动参与和推动经济全球化进程，发展更高层次的开放型经济”目标的必由之路。近几年，唐山在产业承接上有所取舍，力图引进能够与开放经济和本土产业转型升级相适应的优质产业。具体而言，本报告认为有两大产业值得尝试与推广。

1. 加工贸易产业

唐山便利的港口资源为加工贸易产品出口提供了有利条件，加工贸易一直是唐山市重要的支柱性产业。同时，加工贸易产业也面临着转型升级的压力，随着我国经济水平和收入上水平的提升，低技术含量的加工贸易的竞争力正在衰退，加工贸易产业也需要向高精尖升级。天津的加工贸易产业根基雄厚，技术也相对先进，唐山可以在前文提到的“飞地港”合作模式的基础上，吸引天津的先进加工贸易企业来唐，将有利于开放型经济的壮大。

2. 服务外包产业

服务外包是指企业将价值链中原本由自身提供的具有基础性和共性的、非核心的 IT 业务和基于 IT 的业务流程剥离出来，外包给企业外部的专业服务提供商来完成的经济活动。服务外包产业是新兴服务业中的代表，是信息产业的核心，是信息社会的基础性、战略性产业。近十几年来，我国出台了许多推动服务外包发展的政策措施，服务外包产业经

历了从无到有、再到发展壮大的过程，其规模不断扩大，领域逐步拓宽，产业的国际竞争力也在不断加强。

北京是京津冀区域内乃至北方的服务外包产业中心。其中，中关村软件园和中央商务区已经被业界公认为我国 IT 服务外包产业的发源地和集聚区，形成了中国最大的服务外包产业集群。然而，高速增长的产业规模和产业规划目标的调整对城市现实和未来的资源要素供给都提出了考验。随着北京的用工、用地成本不断提高，服务外包作为劳动力相对密集的服务业，面临着严峻的挑战，产业转移疏解势在必行。唐山的条件与此高度契合，对承接该产业也表示出了强烈兴趣。

唐山自身基础与服务外包产业的契合程度主要体现在以下几个方面：

第一，大量合适的劳动力储备。服务外包产业对劳动力具有一定的技术要求，且劳动力需求较大。而唐山恰好具备大量的本科、专科院校，且作为河北省内 GDP 最高的城市，在省内具有较强的人才吸引力。随着产业升级转型进程的加快，传统产业也将释放出一定劳动力资源。综合来看，唐山市人才储备充足，加之用工成本远低于京津，可以说唐山在劳动力储备方面具有显著的比较优势。

第二，土地和税费成本。唐山市重视高新产业，具备唐山市高新技术产业开发区、迁安高新技术产业开发区和开平高新技术产业开发区等 3 个省级以上高新区以及诸多科创产业园，且在承接京津产业的过程中给予迁入企业相当的用地、税收优惠。充足的用地和较低的税费可解除企业的后顾之忧。

第三，政府重视及政策支持。前不久，首届京津冀服务外包协同发展论坛在唐山开幕，唐山市高度重视，副市长曹全民出息并致辞。致辞中提到，“唐山市委、市政府高度重视服务外包产业发展，将其作为推动经济转型升级的重要引擎，唐山市已被列为河北省级服务外包示范城市。下一步，唐山将继续完善服务环境和支持政策，培育壮大重点企业，加快人才引进与培养力度，不断提升服务外包产业的规模、质量和水平”。可见，作为河北省服务外包产业的重要平台，政策倾向和政府扶持均有利于服务外包产业向唐山转移。

此外，唐山市自身也对于引进服务外包产业有较强烈的需要。一方面，服务外包产业是由传统服务业向 IT 高新产业的有力过渡，有助于培养高新人才、接触高新技术，巩固产业转型升级的基础。另一方面，离岸外包是服务外包的重要组成部分，在离岸外包产业上有所作为，将有助于唐山更多地接触全球的高新技术企业，在传统工业和物流贸易之外打造唐山走向世界的又一张名片。

（四）借鉴世界城市圈建设经验，把握唐山城市定位

京津冀协同发展战略提出至今只有三年时间，虽然具备城市间的合作基础，但是可以说城市群的建设尚处于起步阶段。因此，学习、借鉴世界先进的城市群发展规划，不论是对于整个京津冀地区，还是具体到唐山这一城市，都是很有意义的。

1957 年，法国地理学家戈特曼首次提出大都市圈概念，用以概括一些国家出现的大城市群现象：区域内城市高度密集，人口规模巨大，城市间具有建立在分工明确、各具特色、优势互补基础上的密切的经济联系，是一个国家和地区经济最活跃、最重要区域。可见，城市圈本身与京津冀协同发展概念重合度较高，城市圈的发展经验对以北京为中心的“首都圈”有一定的借鉴价值。作为城市圈之中最为典型和成功的案例，研究美国纽约城市圈的发展历程，特别是找准在城市圈中的自身定位的经验，对唐山贯彻协同发展战略尤其重要。

纽约城市圈成形最早，地处美国东北部大西洋沿岸平原。与京津冀城市圈类似，美国的纽约城市圈的制造业发达，产值占全国的 30%，是美国最大的生产基地，也是美国最大的商业贸易中心和世界最大的国际金融中心。值得注意的是，带内的每个主要城市都有自己特殊的功能，都有占优势的产业部门。若孤立地看待每个城市，其功能大多单

一，但城市圈整体性功能却远远大于单个城市的叠加。这一点与当前唐山的发展现状高度契合。

纽约都市圈主要的五大城市为：世界金融中心——纽约，全美政治中心——华盛顿，科技教育中心——波士顿，重化工业发达的圈内第二大城市——费城，复兴的老工业基地——巴尔的摩。其城市产业布局如表7－1所示。

表7－1　纽约都市圈城市产业布局

城市	产业空间分布
纽约	金融、商业和生产服务业
华盛顿	政府、旅游和高科技服务
波士顿	高科技产业和教育
费城	清洁能源、制药、高端制造和交通服务
巴尔的摩	制造业和服务业

从表7－1可以看出，纽约都市圈的五大城市分工布局非常鲜明，重合度极低。相比之下，京津冀城市群中，北京、天津、雄安分担了纽约、华盛顿、波士顿和费城的城市功能。其中，北京城市定位较多，是全国政治、国际金融中心和科技教育中心，天津在高端制造业和港口海运上处于区域核心地位，而雄安在承接非首都功能的过程中也将做大高新技术产业。值得注意的是，巴尔的摩作为纽约都市圈内重要的老工业基地和港口贸易中心，兼具雄厚的重工业基础和良好的港湾环境，这与唐山的社会、经济基础十分相似，其城市定位和发展路径值得唐山市重点学习借鉴。

城市定位方面，巴尔的摩依据自身产业、地理位置优势，明确发展方向。巴尔的摩是美国大西洋沿岸重要的海港城市，也是纽约都市圈里重要的制造业中心和进出口贸易城市。其工业基础雄厚：在“冷战”时期，巴尔的摩市与华盛顿特区临近，使其更容易得到联邦开支和政府采购合同，尤其是当时国防工业在巴尔的摩有大量的投资，重化工业在此有了很大发展。同时巴尔的摩港口资源优势充足：其位于切萨皮克湾顶端的西侧，港口附近自然条件优越，切萨皮克湾宽广、航道深、入冬不冻，有现代化的码头以及装卸和仓库设施，又处于美国东北部经济发达区内，航运业务繁忙。

即便坐拥这些资源、位置优势，巴尔的摩同样也经历过产业转型的阵痛。巴尔的摩产业转型升级的过程对于同样面对产业转型问题的唐山值得借鉴。20 世纪初，巴尔的摩由高峰的工业时代进入后工业经济时代，巴尔的摩面临前所未有的巨大挑战，非工业化令该市失去大量的工作岗位，中产阶级流向市郊，动摇其根本的工业支柱。面对经济衰退、人口流失、结构转型的关键时期，巴尔的摩市政府与商人团体，在 1965 年提出了内港改造与产业结构调整的复兴计划。在内港改造上，规划重建市中心，把巴尔的摩建成四个功能的现代化城区。在产业结构调整上，步入后工业化时代，重点发展医疗、生物科技产业和现代化服务业（包括金融、物流仓储、财经服务、港口营运及旅游业）。借助波士顿的人才储备和纽约充足的金融资本支持，经过近三十年的内港改造与产业发展，获得了巨大成功。目前，巴尔的摩内港已逐渐成为世界上著名的旅游观光城市，成为世界的贸易中心、美国的国家商业中心和美国生物科技五大基地之一。巴尔的摩的内港改造和产业结构调整见证了城市进化的重要过程。

综合而论，唐山与巴尔的摩在城市定位、城市基础、产业转型升级方面有着一定的相似之处。相应地，巴尔的摩的发展、变革路径也相应地值得借鉴。唐山应认清并着力提高核心竞争力，把握自身定位、服务大局，在产业转型过程中结合自身特点和资源优势，推进工业向服务业、传统工业向高新技术工业的转型升级；并利用京津冀城市群内开放的市场环境，大力引进京津先进的人才、知识、资本要素，实现对接京津、深挖本地优势资源，为区域协同发展助力。

参考文献：

1.《“十三五”时期京津冀国民经济和社会发展规划》

2.《京津冀协同发展规划纲要》

3.《习近平关于社会主义经济建设论述摘编》

4.《河北省委、省政府关于贯彻落实〈京津冀协同发展规划纲要〉的实施意见》

5.《唐山市十三五规划纲要》

6. Mcdonald J F. Sources of Metropolitan Growth. Rutgers University Press, 1992.

（执笔人：贺京同　赵子沐）

附录一

关于加快“建成东北亚地区经济合作窗口城市”的调研报告

东北亚是全球经济中举足轻重、发展最快的区域之一。2010 年 7 月习近平总书记视察唐山时，对唐山提出了“努力建成东北亚地区经济合作窗口城市”重要指示要求。这是总书记深度把握世情国情市情大势下对唐山提出的战略定位，是推动唐山开放发展最根本的政治引领、最强大的思想武器、最重要的行动指南。我们必须始终牢记总书记的殷切嘱托，抢抓机遇，振奋精神，全力推动总书记的重要指示在唐山落地生根，加快建成东北亚地区经济合作窗口城市。

一、建成窗口城市，应珍视优势、坚定开放信心

唐山是一座因煤而建、因钢而兴的城市，是一座文化底蕴非常深厚的城市，是一座充满激情和活力的城市，今后也必将是一座因开放而声名远播的城市。综合分析，唐山建成“窗口城市”有“五大优势”。

——有薪火相传的开放基因。中国近代的开放基因肇始于唐山。清光绪二年（1876 年），李鸿章派轮船招商局总办唐廷枢，雇用洋匠，采用西法，开采煤铁。由外籍技师、广东工匠、大批破产农民组成的矿工，构成了这座城市的最早的开拓者，体现着中西文化交汇、南北文化相融的鲜明特点，并由此开启了唐山近代的对外开放新里程。于 1929 年当选为美国第 31 任总统的胡佛就曾在唐山煤矿工作生活过。供外籍雇员及中方高级雇员居住的洋房在开滦、启新、南厂（现中车集团唐山公司前身）建有 1000 余栋，现在保存下来的以开滦赵各庄矿 9 号、10 号洋房最为典型，演绎并见证着唐山辉煌的近代开放史。依托开放，唐山成为中国近代工业的摇篮。新中国成立前后相当长的时间，唐山凭

借钢铁、化工、陶瓷、机械制造等重型产业体系，其经济规模一直处于京津冀地区的前三位，“京津唐”之名在中国乃至世界被广泛称谓。1988 年，国务院批准唐山一市五县（唐山市，滦县、滦南县、乐亭县、唐海县、丰南县）为沿海开放地区，享受国内沿海开放地区优惠政策，是实行改革开放以后全国较早对外开放的地区之一。随着“一带一路”倡议的推动和新一轮对外开放步伐的加快，唐山又一次站在了国家新一轮开放的前沿。

——有得天独厚的开放区位。**依港嵌海**。唐山是海洋大市，海岸线长度 229. 7 千米，占河北省海岸线总长度的 47. 1%，占渤海大陆海岸线的 8. 6%，海域面积达到 4467 平方千米，坐拥深水良港，发展海洋经济前景广阔。随着经济全球化的深入发展，世界经济的重心向沿海加速移动，据统计，全世界经济总量一大半集中在沿海岸带 300 千米之内的地区。**咽喉要冲**。唐山处于东北亚、环渤海、首都经济圈中心地带。在东北亚区域内，唐山是通往欧亚大陆桥距离最近的起点之一，是从太平洋彼岸到欧亚内陆的主要通道，具有启东开西、承接南北，辐射我国北方、东北亚、中亚的战略功能。独特的地理位置决定了唐山对接国际国内两大市场不可替代的承接传导作用。**毗邻京津**。环渤海地区沿海是我国北方的黄金海岸，形成以京津为中心，以沿海若干开放城市为扇面的京津冀城市群。唐山处于环渤海区域的中心位置，是距离各城市距离最近最为便利的城市之一，随着京唐城际铁路的建设，唐山将融入京津半小时经济生活圈。

——有港通天下的开放枢纽。**钻石港址**。早在 1919 年，孙中山先生在《建国方略》中就提出要在此地建设“与纽约等大”“为世界贸易之通路”的“北方大港”。曹妃甸水深岸陡，长年不冻不淤，深槽达 -36 米，2015 年国家确定的全国 7 个 40 万吨铁矿石泊位其中 2 个就在曹妃甸，是环渤海海岸线上唯一的天然“钻石级”深水港址。唐山港规划码头岸线 198. 5 千米，已建成各类生产性泊位 118 个，其中万吨级以上泊位 103 个，正在形成京唐港区、曹妃甸区、丰南港区"一港三区"发展格局。**发展迅猛**。唐山港距韩国仁川 400 海里，日本长崎 680 海里，先后开通航线 180 条，与亚、欧、美 70 多个国家和地区的港口实现通航。2017 年前 11 个月，唐山港完成货物吞吐量 5.25 亿吨，占全省港口吞吐量的 52.6%，跻身全国第四位、沿海第三大港口；集装箱吞吐量达到 221.5 万标箱，增速位居全国规模以上港口第一位，占全省集装箱吞吐量的 67%。成为同期世界上发展最快的港口。**腹地广袤**。唐山港区后方有 1100 多平方千米的未利用地，可建设大规模的临港工业区，为打造钢铁、煤炭、石油、天然气等战略物资储备基地、加工基地、贸易基地奠定了坚实基础。开通包头、晋中、乌鲁木齐等 10 个内陆港，腹地延伸 3000 千米，拓展到山西、宁夏、内蒙古乃至蒙古国，形成了连通蒙、俄乃至欧洲的国际运输大通道。

——有内外联动的开放基础。改革开放 30 多年来，累计有来自 65 个国家和地区的投资者在我市设立了 1768 家外商投资企业，投资总额累计达 211 亿美元，年利用外资占全省的 1/5 强，连续 13 年位居全省首位。先后有日本松下、爱信精机、住友电工、恒天然、达能、香港华润集团等 17 家世界五百强企业和国际知名跨国企业在我市投资兴业。"十二五"期间，全市外贸出口年均增长达到 8.5%，全市外贸备案企业近 4000 家。"走出去"步伐不断加快，全市 85 家企业在世界 60 多个国家和地区开展境外投资，涉及国际贸易、制造业、矿产资源勘探开发等领域，习近平总书记亲临视察的河钢唐钢公司塞尔维亚钢铁厂项目，仅用 8 个月就由连续 7 年亏损转为全面盈利，成为我国与中东欧国际产能合作的样板工程。借力获批国家构建开放型经济新体制试点试验城市契机，在开放体制机制改革方面进行了大胆探索，形成了在全国推广复制的典型经验。2016 唐山世界园艺博览会、中国—中东欧国家地方领导人会议、中国—拉美企业家高峰会等国际性重大活动成功举办，为唐山的开放发展写下了浓墨重彩的一笔。

——有功能完备的开放平台。全市现有省级以上开发区19个，其中，曹妃甸经济技术开发区、高新技术产业开发区为国家级开发区。2016年，全市各开发区完成主营业务收入11500亿元，首次突破万亿元大关，占全省的1/5；规模以上工业增加值和固定资产投资额占全市的半壁江山，直接利用外资占全市的70%多；主营业务收入超500亿元的开发区达到8个，占全省的近1/3。全市共有10个省级物流产业聚集区，占全省总数近1/3，居全省首位。同时我市还拥有中日韩循环经济示范基地、曹妃甸综合保税区、国家级石化产业基地等一批国字号发展平台。中日曹妃甸生态工业园、高新区日资产业园、开平区日资产业园、南堡经济开发区韩国工业园、滦县经济开发区台商工业园等国别产业园吸引了特色产业聚集发展，形成了一批优势产业集群。

二、建成窗口城市，应正视短板、找准问题症结

虽然我市在深化对外开放、建设“窗口城市”上做了不少工作，也取得了显著成绩，但与江浙沿海开放城市相比仍存在很多短板和不足。具体讲我们有“五个差距”。

——思想解放度有差距。世界发展的历程实际上是一部对外开放的历程。思想解放的深度决定了扩大开放的程度。与杭州等开放度高的地区相比，与建设“窗口城市”的更高要求相比，我市在思想解放、扩大开放方面还存有以下不足。**一是开放意识不足**。先进地区发展之路无一不是从开放中获取不竭的动力，在开放中迸发无穷的活力。宁波发轫于开放，繁盛于开放，近年来宁波大力实施“开放强市”战略，提出要打造高水平、高能级的开放新门户，无论是党员干部还是企业主体，均以主人翁意识助推宁波全面开放。截至2017年10月底，宁波已与220多个国家和地区建立了投资贸易关系，拥有进出口实绩企业17701家，出口总额已突破1000亿元。**二是争先意识不足**。苏州提出要争当建设“强富美高”新江苏先行军排头兵，加快实现由争先向率先转变。

苏州工业园区2012年在全国开发区中率先实现现代化，科技进步对经济增长的贡献率达62.9%，苏州已成为全国工业总产值第二大城市、经济总量第一大地级市。**三是机遇意识不足**。西咸新区积极融入“一带一路”倡议，成立6年累计招商引资1420亿元，先后获得全国新型城镇化综合试点等12项国家级试点示范，已成为“丝绸之路经济带的重要支点”和“中国向西开放的重要枢纽”。昆山抓住长三角一体化发展机遇，由30多年前的江南小城升级为国家级开发区，累计引进56个国家和地区的8040个外资项目，实际利用外资占到了全国的1.6%，从上海“后花园”嬗变成经济“新引擎”。**四是创新意识不足**。杭州始终把创新作为推动发展的第一驱动力，着力塑造更多依靠创新驱动、更多发挥先发优势的引领型发展，无论是引领中国互联网弯道超车的阿里巴巴，还是梦想小镇、云栖小镇，处处涌动着创业创新的激情，2016年，杭州市信息经济实现增加值2688亿元，占GDP的24.3%。5年前的宁波与今天的唐山在经济总量、产业结构方面较为相似，同样面临着新旧动能转换、产业转型升级的难题，但宁波始终坚持改革开放不动摇，创新发展不懈怠，举全市之力打造国际一流的产业高地、科创高地、开放高地，城市创新能力位居全国第8位。

——港产城融合度有差距。唐山拥有深水大港、广阔腹地和雄厚产业基础，但港产城之间资源要素流动缺乏有效衔接，尚未形成产城一体、港城联动、以港兴业、以业兴城的格局。**一是城市对港口的服务作用不够**。近年来，宁波坚持以轨道交通、城市快速路建设为纽带，将19个港区与城市连接为一体，将港口后服务业向东部新城等城市新核心区集聚，城市产业、要素、服务实现了向港口的拓展延伸。青岛规划建设了鳌山新城、红岛新城和胶南市董家口港区新城，以此带动了临港服务业、造船业等优势产业迅速崛起。反观我市，唐山在服务港口发展方面还有很大差距。**二是产业对港口的支撑能力不强**。我市经港口运输的本市货源生成量占总吞吐量的比重不足15%。宁波舟山港近年来先后设立了自由贸易区、出口加工区、保税区和保税物流园区，石化、电力、汽车等临港产业崛起成为主导产业，在港口和临港工业带动下，高新技术产业、现代服务业加速兴起，2016 年宁波输出货源生成量占总吞吐量的比重达到 40%。**三是港口对产业的拉动成效不大**。唐山港现有货种以煤炭、铁矿石、钢铁、石油制品等大宗散货为主，其中煤炭和铁矿石两项占全部吞吐量的 70% 以上，集装箱吞吐量仅为宁波港的 9%，港口仅起到物流通道作用，现代化港口物流、保税仓储、信息服务等功能薄弱，属于典型的“酒肉穿肠过”，对产业带动作用十分有限，对腹地的辐射拉动效应没有充分发挥，港口产业实现增加值不足我市 GDP 的 5%。2017 年宁波舟山港这一数据已突破 40%。**四是港口现代化管理水平不高**。唐山港“一港三区”尚未实现实质性整合，且软件建设相比发达港口较为落后，特别是在物流、信息、金融、电子交易等现代化港口综合性服务平台建设方面还有较大差距。宁波舟山港自 2006 年正式启用以来，按照“统一规划、统一品牌、统一建设、统一管理”的原则继续深度整合，打破了之前港口主业和配套服务业各自独立的局面，实现了港口资源利用集约化、港口运营高效化、市场竞争有序化和港口服务现代化，港口服务质量和集疏运服务全国领先，2017 年宁波舟山港吞吐量已超过 10 亿吨，稳居世界第一位。

——经济外向度有差距。一直以来，唐山在实际利用外资、进出口总额等指标居于全省领先位置，但与沿海先进城市相比还有较大差距。2016 年，我市经济外向度为 11%，杭州、苏州、宁波分别为 41%、117%、137%。**一是利用外资质量不高**。我市实际利用外资主要集中在冶金、装备制造、能源等传统产业，缺少有示范带动作用的战略性新兴产业、高端服务业和现代农业项目，且项目履约率、资金到位率长期在 30% 左右徘徊。受近年来国际投资乏力大环境影响，唐山利用外资主要来源于既有项目的增效扩股和利润再投，主要来源地为日本、中国香港等地区，分别占总量的 50% 和 60%，新的外资储备和支撑项目较少，利用外资新增长点不多。2016 年，我市实际利用外资 14.8 亿美元，分别为苏州、杭州和宁波的 25%、21%、19%。**二是对外贸易结构不优。**从我市出口产品结构看：2016 年，钢材 47.8 亿美元，占 67.2%；机电 7.6 亿美元，占 10.7%；陶瓷 5.4 亿美元，占 7.7%。出口产品以钢材为主，且初级产品居多，技术含量和附加值低，缺乏竞争力。2016 年，苏州机电产品出口占总量的 77.4%，宁波这一数据为 54.5%。再从出口总量看：2016 年，我市外贸出口 467 亿元，位居全省首位，但仅是苏州、宁波和杭州的 4%、5%和 14%。**三是经济合作数量不多。**钢铁、水泥等优势产能走出去步伐还不够快，2016 年，我市全年新批境外投资项目中方协议投资额 3.98 亿美元，分别是苏州、宁波和杭州的 12%、11%、8%。苏州不断强化“走出去”与创新互动发展，该市企业在德国、英国、日本等地投资的研发中心已达数十家，同时通过境外投资高科技项目实现“购并、引进、吸收、消化、再创新”，涌现出固锝电子并购美国明锐光电、长电新朋收购新加坡星科金朋股份等一批海外并购亮点。

——城市宜居度有差距。一是大气环境质量仍需大力改善。唐山作为京津冀大气污染防治“2+4”核心区和“2+26”中距离京津最近的非禁煤区东侧通道城市，空气质量在全国重点监测城市排名中一直处于后十名位置，空气污染问题不但影响了唐山城市声誉形象和发展预期，也对我市对外开放发展造成严重的负面影响。**二是开放服务能力仍需优化增强。**面对开放主体的公共服务资源供给不充足、分布不均衡，特别在医疗保健、文化教育方面存有较大差距。比如，我市爱信齿轮等日资企业的日籍人员日常生活中的购物、医疗、子女教育等需求，都要到北京或天津。杭州早在 2015 年制定出台了《加快推进城市国际化行动纲要》，完善的设施和良好的环境吸引了大批海内外人才向杭州聚焦，目前已累计引进海外留学人才 2.5 万人，其中“国家千人计划”专家 341 名、“省千人计划”专家 506 名，居副省级城市前列。苏州工业园集合多种生活服务设施建设邻里中心，打破了沿街为市的传统社区商业模式，与城市综合体实现优势互补、错位经营，深受园区外来人员的青睐。**三是重大基础设施仍需完善提升**。从城区看，我市轨道交通还是空白，城市快速路还不够密集，断头路、瓶颈路存量较多。从区间看，县城之间甚至区与区之间交通网还不完善，市民出行方式单一且需花费较多的时间成本。杭州、苏州、宁波三市均建有城市轨道交通，初步形成了航空、铁路、公路、水运多种交通方式为一体，分工有序、客货分流，换乘联运便捷、内外交通衔接良好的综合交通网络。

——投资便利度有差距。随着经济发展进入新常态，对外开放已由拼资源、拼政策向拼服务、拼环境转变。与先进地区相比，特别是与企业诉求相比，我市企业的运营交易成本仍然高；外商投资管理体制、行政审批效能、放宽市场准入、自由贸易区政策延伸复制等方面，改革创新力度还不够大。截至 2017 年 11 月，我市市场主体总量达到 47.6 万户，仅为苏州、杭州、宁波的 42%、37%、30%。宁波实行“互联网 + 政府服务”模式，推行“网上审批中心”政府服务管理，实现 95% 以上办理事项群众和企业到政府“最多跑一次”，50% 以上行政许可事项审批时限压减一半以上。同时加快推进国际贸易“单一窗口”建设，大力推进世贸通国家级外贸综合服务工作，“一达通”落户宁波并取得显著成效。

三、建成窗口城市，应锁定路径、构建目标体系

“建成东北亚地区经济合作窗口城市”，是习近平总书记站位全国发展大局，综合考量唐山优势潜力，高瞻远瞩，深思熟虑，亲自为唐山谋篇布局的大战略。客观分析唐山实际，“窗口城市”的标志至少体现在五个方面。

建成窗口城市就是要成为“一带一路”倡议关键节点。陆域方面，成为环渤海、东北地区与俄罗斯、蒙古国等国家的交通与能源通道，并

向东连接日本和韩国，向西通过俄罗斯及国内内蒙古、新疆连接欧洲和中亚、西亚。海域方面，成为由环渤海、长三角、海峡西岸、珠三角、北部湾等地区的港口共同连接太平洋、印度洋等沿岸国家或地区的桥头堡。

建成窗口城市就是要成为国际综合交通物流枢纽。通过蒙冀铁路、国际集装箱航线、空中走廊等国际通道建设，形成面向日韩、辐射东北亚、贯通中亚欧、连接海内外的重要海空铁枢纽和国际交通物流枢纽城市。通过临港物流园、空港物流园、高铁物流园等综合物流园区规划建设和功能提升，以立体化交通体系、先进信息科技、快捷通关环境和强大保税功能，实现各交通物流平台枢纽化发展，构建国际化现代物流体系。

建成窗口城市就是要成为国际产业合作多赢样板。传统优势产业和战略性新兴产业骨干企业与全球制造业领军企业在资本、技术、研发等方面深度合作，传统优势产业实现转型升级、战略性新兴产业做大做强。制造业生产、技术、管理、标准与国际全面接轨。园区聚集国际产业的作用充分发挥，真正成为东北亚地区开展产业合作与交流的平台和桥梁。国际产能合作不断取得重大进展，唐山的优势产业、技术、品牌进入国际市场，形成产能转移的新路径、新模式。

建成窗口城市就是要成为高层次国际交流前沿平台。高水平学术会议、重大国家级外事活动、国际学术合作活动、国际经济合作论坛洽谈频繁，成为国际会议目的地城市、区域性国际会展中心和知名国际城市。高水平的教育、卫生、科技、文化、体育等公共服务平台完善配套，成为面向东北亚地区的人才培训基地、医疗基地、科技成果转化基地和京津冀区域文化交流中心。

建成窗口城市就是要成为宜居宜业开放包容品质之城。以国际视野规划城市，用国际标准建设城市，按国际惯例管理城市，塑树良好国际形象，对国际游客的吸引力、对国际人才创业和居住的吸引力、对国际化生产要素聚集的生态承载力显著提升，成为国际人流、物流、资金流、信息流的重要流向城市，成为国际化的宜居乐居、宜业利业之城。

建成东北亚地区经济合作窗口城市，需要明确五大发展目标，使创建工作有信心、有动力、有方向，即实现“五个显著提升”。

——开放型经济质量和效益显著提升。到2020年、2021年、2022年及“十四五”末，全市经济外向度分别达到30%、32%、34%和40%，实际利用外资分别达到18亿、19亿、20亿和23亿美元，外资企业数量分别达到450个、480个、510个和600个，全市国别产业园区数量分别达到12个、13个、14个和18个，中日韩循环经济示范基地基本建成。

——世界综合性贸易大港地位显著提升。到2020年、2021年、2022年及“十四五”末，全港货物吞吐量分别达到6亿吨、6.3亿吨、6.7亿吨和7.5亿吨，其中集装箱运量分别达到500万、550万、600万和800万标箱，建成内陆港分别达到20个、23个、26个和40个，开通国际国内航线保持在200条以上。

——京津冀协同发展成效显著提升。每年实施与京津合作亿元以上项目200个以上，到“十四五”末，经济总量占京津冀地区比重达10%以上，京冀（曹妃甸）协同发展示范区、津冀（芦汉）协同发展示范区成为协同发展的典范。

——对外投资和跨国经营能力显著提升。到2020年、2021年、2022年及“十四五”末，新增对外投资企业分别达到100家、120家、140家和200家，在国（境）外建设园区分别达到5个、7个、9个和15个，对外经济合作营业额年均增长15%以上。

——城市国际化程度显著提升。到2020年、2021年、2022年及“十四五”末，每年举办国际性展会、经济高峰论坛、经贸洽谈活动和各类特色赛事分别达到80次、90次、100次和150次，每年开展对外合作交流60次以上，入境、居留、学习、就业的外籍人士分别达到2

万、3万、5万和7万人，与10个以上国外城市结成友好交流城市。

通过综合分析和比对，唐山要建成“窗口城市”，应该锁定以下“四条路径”，即大聚集、大通道、大交流、大环境。

路径之一：筑巢——推动产业要素大聚集。经济合作，基础和关键是产业合作。**一是打造开发区开放发展新高地**。依托现有产业基础和比较优势，紧盯世界500强和大型央企民企外企等，加大招商引资力度，努力把开发区打造成新兴产业聚集区、创新驱动策源地和对外开放标志性区域。**二是抓实各级开放平台建设**。充分释放国家级石化产业基地、综合保税区、京冀（曹妃甸）协同发展示范区、津冀（芦汉）协同发展示范区等政策红利，加快自贸区创新制度复制推广，创新“特”的优势，拓展“新”的功能，在政策功能运用、产业转型发展和开放先行先试上更好地发挥引领带动作用，让更多企业最大限度享受创新开放成果。**三是全面提升城市综合能级和竞争力**。坚持以国际化思维和标准建设城市，以国际化眼光谋划和提升城市，切实增强城市基础设施和区域发展承载力，丰富城市内涵，增添文化色彩，提升城市品位和魅力。

路径之二：架桥——畅通国际物流大通道。经济合作，必须有畅通的物流通道。**一是以世界眼光谋划港口建设**。塑造具有唐山优势的海岸特色，加快打造对接东北亚、辐射中西部、服务环渤海的国际航运中心、现代物流中心，进一步提升管理水平和港口能级，努力把唐山港建设成为国际一流强港。跻身世界港口综合实力前三名。**二是实现重大基础设施互联互通**。加快京唐城际铁路、唐曹铁路、水曹铁路建设，打造京津唐半小时经济圈。持续扩大机场对外开放，积极承接北京新机场货邮中转业务，尽早开通唐山联通东北亚国家国际航班。**三是建好跨境电商试验区**。抓住电商产业蓬勃发展的大好时机，瞄准对接国际市场，引进国内电商巨头，做好“线上”“线下”结合文章，发挥综合保税港区特殊的政策功能，形成错位竞争优势，努力在跨境电商上做出特色、叫响品牌、打出声誉，取得先发优势。

路径之三：搭台——促进海外人才大交流。经济合作，离不开国际人才的交流合作。**一是面向海内外引进高端人才**。编制高端紧缺人才开发目录，建立与国际接轨的高层次人才政策，对接国家“千人计划”吸引行业领军人才、科技拔尖人才来唐创新创业。**二是深化国际友好城市交流合作**。建立健全政府层面互访、部门对口洽谈、企业深度对接、民间友好交流的城市间各个层面合作机制，每年组织开展一批务实有效的对外交流活动，拓展合作的深度和广度，强化对接交流与共赢合作。**三是搭建国际文化交流平台**。积极开拓海外文化市场，每年策划举办一批具有国际影响的音乐节、文化节、旅游节、博览会等重大文化活动，加强与联合国教科文组织、国际知名智库等机构对接，以开放视野和主动姿态，推动唐山融入全球一体化发展大格局，并占有一席之地和展示舞台。

路径之四：对标——营造开放包容大环境。经济合作，离不开优良的软硬环境。**一是把解放思想、创新理念贯穿经济社会发展各个环节**。持续更新观念、拓宽视野，坚决摒弃资源依赖惯性思维，永葆创新的活力、创新的激情、创新的灵感，敢于让创新产生冲动，让创新成为常态，让守成成为例外。**二是牢固树立“环境也是生产力”的理念**。千方百计为各方面人才、企业搞好全要素保障和全方位服务，以更加优质的服务和保障打造服务高地，打造交口称赞、口口相传的一流发展环境。**三是勇于在政策上自主创新**。对标沿海开放城市、对标全国先进城市，高水平研究制定含金量高、吸引力大、操作性强的支持政策，形成透明高效、互利共赢的政策洼地和良好营商氛围。

加快建成东北亚地区经济合作窗口城市，应在打造“六大支撑体系”上下功夫，让经济合作窗口有抓手、有看点、有内涵。

一是打造现代化产业体系。挖掘我市钢铁、煤炭、化工、水泥、建材等传统产业基础雄厚、门类齐全的优势潜力，以开放促进结构调整优化，以开放创新国际合作模式，重点加快推动唐山由钢铁大市向行业竞争力强、融合发展能力强、持续发展能力强、品牌影响力强的先进制造业强市迈进。依托传统产业基础优势，培育壮大高端装备制造、新能源、新材料等战略性新兴产业，明确时间节点，咬定发展目标，敢于给吃偏饭，全力攻坚突破，再造几个新时代的“中国第一”。

二是打造便捷通畅交通体系。全面升级海陆空立体交通网络，拓展唐山港三大港区功能，提升高铁覆盖范围和时速，完善高速公路布局，打通城市断头路、建设城市快速路和建设高架桥，打造连接机场、火车站、长途汽车站开放互连运输网络，为建设面向东北亚地区物流中心提供便捷的交通载体。

三是打造高效智慧服务体系。加强城市综合服务能力建设，促进大数据、物联网、云计算等新一代信息技术与城市管理融合发展，扩大优质公共服务资源供给和延伸，提升管理智慧化、服务精细化水平和城市运转效率。加快放管服改革，以监管和服务为抓手，提升服务效能，打造全国审批项目最少、办事效率最高的城市，成为全国营商环境最优的城市标杆。

四是打造自由便利贸易体系。推广准入前国民待遇加负面清单管理模式，完善外商投资和境外投资市场准入制度。持续深化审批服务制度改革，清理涉及口岸通关及进出口环节的行政审批事项，规范涉审中介服务收费事项。健全大通关协作机制，深入推进电子口岸建设，加快国际贸易“单一窗口”建设。结合实际出台更加有利于开放发展的政策措施，优先支持外贸发展、开放发展。

五是打造绿色宜居生态体系。推进京津冀大气污染联防联控，大幅改善空气质量，统筹山水林田湖草土壤系统治理，恢复和保护青山碧水，加快有机绿色农业发展，确保天蓝、水净、土肥、食品健康，形成绿色循环低碳发展方式和生活方式。

六是打造开放包容文化体系。依托厚重历史文化底蕴，建立健全对外文化交流合作机制，创新对外传播、文化交流、文化贸易方式，加强经常性对外交流。支持重点文化企业参与国际展会，开拓海外文化市场。将地域特色文化和现代文化元素全面融入城市规划、建设和管理，让唐山开放文化焕发生机、走向世界。

四、建成窗口城市，应精准发力、强力攻坚突破

建成窗口城市既要着眼长远打基础，更要只争朝夕搞攻坚，以务实有力举措推动“窗口城市”建设不断取得新实效。

——推动港口能级新提升。港口是唐山开放的核心资源，坚持做强做大做活港口，提升港口发展的质量和效益，为开放型经济发展注入新动能。**一是着力提升港口通过能力**。京唐港区改造 21#～22#泊位，适时启动 23#～25#多用途泊位建设和改造，启动实施曹妃甸西区 1#、2#港池开发建设，改造多用途泊位，谋划建设专业化集装箱泊位，加快推进丰南港区建设。2020 年唐山港吞吐量达到 6 亿吨。**二是着力统一港口管理机制**。借鉴宁波等地先进经验，以产权、资本为纽带，以参股、资产置换为手段，对唐山港三个港区进行整合，成立涵盖三区人财物、责权利相统一的唐山港务集团，对我市港口资源进行统一开发和管理，提升港口整体竞争力。**三是着力打造“唐山港交易指数”**。改变唐山港“过路经济”状况，以曹妃甸港区进口矿石混配项目为突破口，打造矿石、煤炭、钢铁、木材等大宗货物临港交易平台，建设集储备、配送及深加工于一体的大型物流交易基地和交易市场，到 2020 年初步形成在国内有一定影响力的“唐山港交易指数”。**四是着力推动集装箱运输跨越发展**。全面落实唐山港集团与天津港集团的合作发展集装箱运输协议，借力天津港航线和货源基础，发挥唐山港深水岸线独特优势，带动唐山港集装箱运输跨越发展。2020 年集装箱吞吐量突破 500 万标箱。**五是着力拓展陆上国际开放新空间**。对接国家“一带一路”倡议和“中蒙俄经济走廊”规划，沿蒙冀铁路沿线在西北地区布设 20～25 个

内陆港，抢占港口腹地资源，进一步加强水铁、海铁联运，适时开通国际集装箱班列，打通陆上国际开放新通道，把我市打造成“一带一路”关键节点城市、东北亚开放的桥头堡。**六是着力畅通快速出海通道**。用好现有“京唐—釜山”“京唐—关东”航线，推动唐山港开辟新的外贸集装箱班轮航线；加强与天津港、大连港、惠州港、钦州港合作，尽快加入中国—东盟港口城市合作网络，实现外贸航线和信息的互通互联、互惠共享，2018 年新开通国际国内航线 3 条以上。**七是着力加快现代化港口建设**。以港产城一体化为导向，以自由贸易为依托，以大力发展集装箱运输为基础，全面拓展金融、贸易、物流、加工、信息服务等功能，推动唐山港向第四代港口迈进。到 2020 年，港口信息化、自动化、智能化程度水平达到 70% 以上，平均通关时间 4 小时以内，综合贸易大港地位基本确立。

——培育海洋经济新动能。坚持海陆港统筹、海陆港联动，提升发展海洋牧场、滨海旅游等产业，突破发展海洋高端装备制造、海洋生物、海洋高新技术服务、海洋航运物流等产业，打造全国一流的海洋经济创新发展示范区。**一是高水平编制战略规划**。聘请高水平规划团队抓紧编制总体规划和专项规划，进一步优化海洋开发布局，科学、绿色、立体开发海洋，健全完善现代海洋产业体系，推动海洋传统产业转型升级上层次、海洋新兴产业膨胀壮大上规模，促进海洋可持续发展。**二是高质量发展海洋产业**。精心谋划陆海统筹、海陆联动的思路举措，加快发展大型游轮、游艇制造及修船业、直升机、房车等制造业，强力推进沿海重大装备产业招商，形成一批海洋装备优势产业集群。大力发展“旅游 + 海洋”业态，支持国际旅游岛打造国家级旅游度假区和菩提岛国家 5A 级景区，打造滨海全域全季旅游目的地。深耕“海洋牧场”，提升海洋渔业科技应用水平，建好国家级海洋牧场示范区。推动海洋经济从沿海向内陆辐射、从近海向远海迈进、从浅海向深海拓展，打造现代海洋产业集聚区。**三是高标准保护海洋生态环境**。深入实施海洋环境综合整治，扎实推进唐山海洋生态资源持续改善。统筹产业项目建设与海洋生态保护关系，不断提升海洋开发利用科学化水平，推动海洋经济向生态型质量型效益型转变。

——**打造开放平台新引擎**。开发区（园区）是形成全面开放新格局的基础，进一步强化省级以上开发区（园区）在新一轮开放发展中先行区、示范区、引领区功能定位，优化产业布局，明确产业重点，瞄准主导产业链条开展精准招商，培育壮大优势产业集群，将开发区（园区）打造名副其实的经济增长点。到2020年，全市开发区实现主营业务收入20000亿元以上、税收总额450亿元以上、直接利用外资20亿美元以上，主要经济指标比2016年翻一番，主营业务收入超千亿元的开发区达到8家，超五百亿元的开发区达到7家。突出特色园区开放发展，持续增强对国际资本、技术、人才的吸引聚集能力。**曹妃甸中日韩循环经济示范基地**加快探索以政府为主导，行业协会、企业等民间合作为补充的全方位合作机制，瞄准日韩高端产业集中力量招大引强攀高，尽快将项目摆满装实，加快打造产业特色鲜明、绿色循环低碳发展的合作样板。**高新技术产业开发区**聚焦全球创新资源，做大做强日资产业园，促进机器人、焊接、高端装备制造三大优势产业发展壮大，成为国内一流、国际知名的特色产业基地。**海港开发区、乐亭县**加快中欧产业园和拉美产业园建设，加紧复制推广先进自贸区经验，提速外资项目聚集，打造区域性贸易中心、高新技术产业中心。**曹妃甸综合保税区**加快推进平行进口汽车贸易、进口房车改装项目建设，加快进口肉类、水果、粮食指定口岸建设，积极创建国家跨境电商综合试验区、国际邮包互换局分支机构和国际快件监管中心，打造外向型经济服务区。

——**探索招商引资新路径**。招商引资是增强城市经济综合实力的重要举措，也是促进开放发展的有力抓手。**一是围绕产业链抓招商**。深入研究我市资源优势和主导产业链条构成，借助日韩等发达经济体科技、产业、资本、市场等优势，以更大力度推进招商引资和招大引强，着力引进更多科技含量高、产品附加值高、产业链长、市场前景好、辐射带动作用强的大项目好项目，着力改造提升传统动能，加快培育壮大新动能，促进更多新技术、新产业、新业态、新模式持续涌现。**二是围绕重点区域抓招商**。按照“主攻欧美经济发达体、扩大与日韩和港台地区合作、拓展‘一带一路’重点国家对接”思路，深入分析和掌握重点区域、重点产业、重点企业的投资动态、项目信息，编制重点产业招商地图，出台招商引资优惠政策，针对有意向的项目加大跟踪洽谈力度，争取尽快落地。**三是围绕创新模式抓招商**。积极推进股权并购，引导企业以股权换投资，引进外资搭载的技术、管理、品牌等优质要素资源。深挖增资扩股潜力，支持外商追加投资、扩大经营，带动全市到账外资稳定增长，鼓励有意向企业到境外资本市场新发融资，推动已在境外上市的企业增发融资。2018 年实际利用外资达到 16.8 亿美元，“十三五”期间，实际利用外资增速保持在 5% 以上。

——构建对外贸易新格局。贸易进出口反映着一个地区经济与国际经济联系的紧密程度，也是衡量开放型经济规模和水平的主要指标。加快解决我市外贸总量不大、结构不优、动力不足、发展不平衡等突出问题，全面提升对外贸易综合竞争力。**一是调优外贸结构**。拓展加工、配送、贸易等服务业态，抓好外贸出口基地和外贸转型升级示范基地建设，加快实施铁矿石混配保税交易中心、临港木材产业园项目，加大对机电产品、高新技术产品和国际先进技术进口贴息支持，鼓励企业加大进口设备免税申报力度，提高出口产品质量和国际竞争力。2020 年机电产品等高新技术产品出口占比达到 25% 以上。**二是培育外贸新业态**。实施“互联网 + 外贸”行动计划，加快各类跨境电商平台建设，推动网上签约订单，培育新的增长点。推动服务外包全域发展，培育一批服务外包示范基地和“小巨人”企业，争创国家级服务外包示范城市。2020 年建立外贸综合服务平台 2 ~ 3 家，新增出口外贸企业 500 家，建立服务外包基地 10 个。**三是提升外贸服务水平**。实施境外百展市场开拓计划，引导惠达、三友等企业发挥技术、品牌优势，深耕传统市场，拓展“一带一路”地区新兴市场。建立常态化侨贸对接机制，为唐商贸易回归营造良好环境，推动外贸企业回乡发展。实施破零倍增计划，用3到5年的时间开展千企万人主体培育。2018年全市出口总额达到400亿元以上，同比增长10%，2020年达到1000亿元以上，回归外贸企业100家。

——拓展国际合作新空间。鼓励支持“走出去”和“引进来”，着力从更高层次、更高质量促进与国外技术、智力等高端要素合作发展，提升国际价值链分工地位。**一是深度参与国际产能合作**。鼓励中信重工开诚、华通线缆、惠达陶瓷等企业走出去，积极参与“一带一路”重点项目建设，支持松下机器、国华科技等企业并购和创建境外研发中心、知名品牌、营销网络，支持唐钢公司塞尔维亚钢厂等企业创建国家级境外经贸合作园区。鼓励金融资本与产业资本采取股权、债权合作方式开展绿地投资、并购投资，壮大跨国经营主体。2018年完成对外投资额4.4亿美元，同比增长5%；2020年完成对外投资8亿美元，国际产能合作数量质量双提升。**二是吸引国际人才聚集**。建立海外高层次人才信息库，编制国际高端紧缺人才开发目录，健全完善与国际规则接轨的高层次人才管理制度，优化引进海外专家的生活服务保障，妥善解决其住房、社会保障、子女入学等实际问题。加强与国际知名院所、机构合作，大力引进日韩等国家和地区的高端研发机构和创新孵化器，在重点地区设立“中国·唐山海外人才工作站”，吸引境外和外籍高校毕业生来唐山创业就业。2020年吸引外籍各类人才2万人。**三是提升国际交流水平**。加强国际交往和宣传推介，讲好“唐山故事”，传递“唐山声音”。巩固与瑞典墨尔本等友好城市的交流互访，不断扩大国际“朋友圈”。挖掘释放世园会等重大活动后续效应，每年组织开展60次以上务实有效的对外交流活动，加快培育引进一批国内外知名的特色展会、品牌赛事。到2020年，举办国际性展会各类特色赛事80次，成交额年均增长15%，会展业直接收入年均增长15%，缔结友好交流城市10个以上。

——塑树窗口城市新形象。高标准拓展城市公共空间、产业空间、生活空间，加快完善与现代化沿海城市相匹配的服务、创业功能。**一是打响城市品牌**。城市品牌是城市的无形资产，是无价之宝。聘请专业团队，深度挖掘城市的个性、灵魂、理念，精心策划唐山国际新形象。健全对外宣传和城市形象推广机制，建立与全球主流媒体战略合作关系，借助国际媒体专业能力和国际影响力推介唐山。发挥本地名人效应，用好国际友城资源，通过各种载体和途径让全世界全方位认识了解唐山。**二是保卫城市蓝天**。严格控制煤炭消费总量，统筹推进燃煤烟气、工业废气、车船尾气、餐饮排气、扬尘灰气“五气共治”，加大环境执法力度，实现PM2.5浓度持续下降、空气质量优良天数比率大幅提升，早日退出全国空气质量重点监测城市后十名。**三是完善城市功能**。围绕城中村改造、路网完善、交通缓堵、停车系统建设、老旧小区整治、步行街区建设、地下管网建设、环境质量改善、园林绿化建设、社区服务设施等群众急需的民生问题及城市建设的短板和薄弱环节，精心谋划好一批城建重点项目，保障城市安全、完善城市功能，传承历史文脉、彰显城市特色，促进有机更新、提升城市品质，改善人居环境，不断提高城市对外开放的承载能力。

——增创开放环境新优势。深化“放管服”改革，倾力打造审批事项最少、收费标准最低、办事效率最快、服务水平最优的营商环境。**一是抓好优惠政策落地落实**。在财政、税收、金融、土地、环保、产业、科技创新、人才等方面，制定精准有效、兑现便利的优惠政策，做好政策文件宣传解读，让市场主体及时了解、用足用好开放政策。**二是对接国际投资贸易新规则**。复制推广自贸区投资、贸易、金融、服务业开放和事中事后监管方面的创新举措，结合唐山实际，实行高水平的贸易和投资自由化便利化政策，全面实行准入前国民待遇加负面清单管理制度。**三是健全完善大通关协作机制**。深入推进电子口岸建设，实现口岸管理部门相关信息互换、监管互认、执法互助，全面推行“一次申报、一次查验、一次放行”，加快国际贸易“单一窗口”建设。清理涉及口岸通关及进出口环节的行政审批事项，全部取消非行政许可审批。降低集装箱抽检率，提高非侵入、非干扰式查验比例。**四是提升对外开放服务效能**。完善关贸、检贸、银贸、税贸、汇贸、信贸协作机制，健全国际贸易摩擦预警防范和应对机制，完善“走出去”风险预警、应急援助和企业境外权益保障机制，有效防范化解贸易和投资风险。

——厚植开放合作新理念。贯彻落实开放发展理念，统筹资源，形成合力，不断开创对外开放新局面。**各级干部**坚持以世界眼光和国际视野审视区域发展，掌握国际知识，学会按国际通行规则和国际惯例办事，着力提升自身谋开放、促开放的素质和本领，强化国际合作和交往能力，以开放的心态践行新理念、拥抱新时代。**广大企业**应进一步转变观念、开放思路，破除资源路径依赖，更好地利用国际国内两个市场、两种资源，更多引进国际人才、先进技术和经验管理经验，抢占国际市场制高点，持续增强唐山企业的开放度和竞争力。**社会各界**大力弘扬开放精神，传承开放文化，在全社会营造人人关心开放、支持开放、投身开放的浓厚氛围，真正让对外开放成为全市上下的一种共同理念、行为意识和自觉行动，不断提升唐山在海内外的影响力、吸引力。

（调研组组长：张秀新；副组长：龙立华；成员：王西连、潘志伟、杨小军）